1　珠城山丘陵から三輪山の眺望

垂仁天皇や景行天皇の初期大和王権の王宮があったと伝える纏向《まきむく》の珠城山《たまきやま》丘陵は、大和国原を望む景勝の地である。大物主神の籠もりいますとされる三輪山の美しい円錐形の山容が見える。三輪山は「天皇霊」を祀る山でもあり、大和王権の王たちがその祭祀に預かっていた。

2　石舞台古墳

明日香村島庄にある。もともとは方形墳だったと考えられ、封土が失われて巨大な天井石が露出した石室だけが残っている。築造は飛鳥時代だが古墳時代終末期に分類される。横穴式古墳の編年研究に基づき、蘇我大臣馬子の「桃原の墓」とする見方が多い。

3　桧原神社から二上山を望む（産業経済新聞社提供）

大神《おおみわ》神社の摂社桧原《ひばら》神社は、『万葉集』に「三輪の檜原」と詠まれた台地の上にあり、大和国中《くんなか》が一望できる。桧原神社からほぼ真西に二上山が望まれ、春と秋の彼岸の中日には、雄岳と雌岳の間の撓に夕陽が沈む光景を眼にすることができる。高い峰が雄岳、隣が雌岳。

4　甘樫丘と明日香村（産業経済新聞社提供）

甘樫丘《あまかしのおか》上空から南向きの写真。左に飛鳥川、右手前に和田池が見える。甘樫丘からは明日香村が一望できる。飛鳥時代には蘇我蝦夷、入鹿親子の邸宅があったといわれており、麓の平野部には天皇の宮殿があった。現在は公園整備化され、ハイキングコースとなっている。

歴史の旅

古代大和を歩く

和田 萃

吉川弘文館

目次

Ⅰ　ヤマトの自然　*1*

一　青垣の山々　*2*

落葉樹の多さ／国偲び歌

二　三輪山　*6*

大神神社の神体山／風台風の爪痕／被害は西南斜面

三　二上山　*10*

雄岳と雌岳／ミニ二上山／天の二上

四　大和川　*14*

四つの水系／大和川の呼称／水泳訓練の場／滞流と激流

五　亀ノ瀬　*19*

地滑りと崖崩れ／懼坂道／抑制工法と抑止工法／昭和の大地滑り

六　曽我川と葛城　*24*

蘇我氏の本拠／葛城の範囲／倭、葛城、闘鶏／葛城の地名

七　フジハラとフジワラ―地名の発音―　29
カシハラ、フジハラ／ニジッコウ／シメ

Ⅱ　ヤマトのなりたち　33

一　ヤマトの範囲　34
倭国から大和国へ／中国側が倭国と表現／原ヤマトとオオヤマト／三輪山と天香具山

二　山辺の道　38
東海自然歩道の一部／纏向、柳本、大和古墳群／王権の王墓／二人のハックニシラス天皇

三　時代区分　44
土器か古墳か／宮都所在地で区分／墳丘墓と方形台状墓／四隅突出型墳丘墓

四　ホケノ山古墳　49
纏向古墳群の一つ／神聖視された鶏／名の由来は不明／朝鮮半島南部の影響／徳島の萩原二号墳／積んだ石の壁／簡略化された埋葬施設／阿波の石材

五　瑞籬郷　58
近世の三輪本郷／穴師集落の雨／墓のない地域

Ⅲ　ヤマト王権　63

一　箸墓古墳　64
巨大な前方後円墳／宮内庁が厳重管理／布留0式土器の出土／『梁書』倭伝の記事／モモソヒメの悲劇／三輪山の神／夜に示現する神／先端、端緒の「端」

二　王墓築造　74
大坂の関／大坂山口神社／二上山の火山活動／芝山・春日山の石

三　オホビコの系譜　79
四道将軍／崇神股肱の臣／国史跡の阿倍寺跡／稲荷山鉄剣銘

四　ワニとワニ氏　84
オホビコの北陸征討／赤坂比古神社／坂に沿った集落／櫟本高塚遺跡／地名が由来の氏の名／ワニの地は狭い範囲／漁撈や海運に従事／ワニとワニザメ

五　初代大和王権の王宮　93
磯城瑞籬宮／纏向珠城宮／纏向日代宮／纏向遺跡

Ⅳ　伝説の地　99

一　三輪山登拝　100
夢占の世界／皇位の決定も／「お山する」魅力

二　力人ケハヤ　104
野見宿禰と決闘／埴輪の力士像／敗者を悼む塚

三　常世幻想―橘をめぐって―　108
非時の木の実／田道間守の墓／浦島伝承に発展／黒潮のかなた

四　佐紀楯列古墳群　113
盆地北辺の古墳／被葬者名と矛盾／人物埴輪は五世紀／四腹の土師氏

五　ヤマトタケルの墓　118
古事記にない記述／峯ヶ塚古墳に注目／掖上鑵子塚の存在／御所市富田の白鳥陵

V　神々の空間　123
一　倭の屯倉　124
四世紀に設置／「三宅」町に名残る／坂手池の所在地／島の山古墳
二　倭の「六の御県」　129
式内社の存在／県主が祭祀／古墳とセットも
三　都祁の「休ん場」　133
神体山と葛神／ヤマトタケル伝承／生きる禁忌
四　神功皇后伝承　137
八幡神のひとり／女帝・飯豊天皇／モデルは斉明帝／神像彫刻
VI　英雄たちの足跡　141
一　武内宿禰と英雄伝説　142
対外交渉担う氏族／五條猫塚古墳／多い後裔氏族／王権の勢力圏
二　葛城襲津彦　147
新羅に遠征／娘は仁徳の皇后／二つの石室／室大墓

三　磐之姫の嫉妬　152
ウワナベ古墳／光明皇后の投影／後妻打ちの習俗／ウワナリ塚
四　東大寺山古墳と鉄刀　157
二世紀末の年号／家形飾りの環頭大刀／古墳築造は四世紀／卑弥呼の鉄刀
五　石上神宮と禁足地　162
本殿のない神社／物部氏の本拠／五世紀末の創祀／膨大な量の武器・武具類
六　剣　池　167
交わる古道／池底に「剣」／孝元陵の存在／池を作る
七　馬の伝来と廐坂　172
百済からの献上／馬具の出現／興福寺の前身／地名ウラン坊
八　倭漢氏と於美阿志神社　177
明日香村桧前／田村麻呂の故地／檜隈寺は氏寺／道光寺
Ⅶ　アスカの伝承　183
一　吉野・国栖　184

清き流れの吉野川／応神天皇と吉野／吉野の範囲／美味という表現

二　都祁の氷室　189

仁徳朝の伝承／長屋王木簡／オン・ザ・ロック／奢侈品だった氷

三　近つ飛鳥と遠つ飛鳥　194

地名の由来／難波宮から遠江／時代の遠近説も／各地のアスカ

四　磐余稚桜宮　199

杯に散った花びら／磐余池の所在地／樹種はヤマザクラ

五　クカタチ　204

カバネの乱れを正す／世界史的な慣行／甘樫丘の砷／五世紀に姓に変化

六　忍坂大中姫とフジバカマ　208

伝承の多い皇后／無礼をとがめる忍坂大中姫／芳香を放つ秋草／忍坂宮

七　目弱王の変　212

安康天皇への讒言／親の敵を討つ／記紀記述は虚構?／極楽寺ヒビキ遺跡

あとがき　217
主要関連地図　219
図版一覧
索　引

I　ヤマトの自然

1　耳成山・大神神社大鳥居・二上山遠景

一

青垣の山々

京都の勤務先から近鉄線に乗っての帰り、奈良山丘陵を越えて**奈良盆地**に入ると、ほっとする。奈良盆地の周りをとりまく青垣《あおがき》の山々が眼に入るからだ。

夕暮れ時だと、青みを増した西の山々の稜線が夕空に際だつ。そうした光景を眼にすると、一日の疲れも忘れてしまう。

奈良盆地に住む人たちは、日頃、勤務からの帰りに、あるいは旅先から戻った折などに、そうした思いを抱くようだ。日本の各地から奈良・大和路を訪ねる人々にとっては、青垣の山々は格別に印象深いものらしい。いつまでも思い出として残るようである。

奈良盆地は東西一三キロ、南北三二キロほどにすぎない。

青垣の山々も、西南に聳える金剛山《こんごうさん》（標高一一二五メートル）や葛城山《かつらぎさん》（標高九六〇メートル）を除けば、せいぜい標高五、六〇〇メートルほど。

全国的にみて同程度の盆地はいくつもあるが、盆地部との比高差の大き

2　若草山と奈良盆地

い高い山々に囲まれた所が多い。そうしたなかにあって、奈良盆地は、風水害の少ないこともあって、穏やかな印象を人々に与えるのだろう。

落葉樹の多さ

大和の青垣の山々は、季節を問わず青一色のように見える。しかし古代から現代に至るまで、そうした状態だったかと言うと、問題があるように思う。

現代でも黄葉する山がある。西の二上山《にじょうさん》（標高五一五メートル、「ふたかみやま」とも）がその例である。雄岳《おだけ》と雌岳《めだけ》が寄り添う、まことに印象的な山だから、見知っておられる人も多いことかと思う。山の上半分は落葉樹で、秋ともなれば美しく色づく。また盆地内にあって斑鳩《いかるが》から北方へ延びる矢田《やた》丘陵は、ほとんどが広葉樹。秋の黄葉が美しい。

東の**三輪山**《みわやま》（標高四六七メートル）は円錐形の美しい山。大物主神《おおものぬしのかみ》が籠《こ》もります神体山《しんたいさん》であり、古来、緑なす山であった。『万葉集』に「三輪の檜原《ひばら》」が歌われ、杉の巨木があったことも知られている。近世には赤松が多く、松茸が大量に収穫された。

三輪山、春日大社背後の御蓋山《みかさやま》などの神体山や、針葉樹の広がる高地を除けば、青垣の山々では落葉樹が多かったのでは、と思う。

3　三輪大橋から三輪山を望む

近世末期、吉野の川上村を中心に、杉苗を密植し、生長するに随って間引き、間伐を重ねて、優良な杉を育てる画期的な方法が確立した。吉野郡川上村の森口奈良吉《ならきち》の指導による。その方法が奈良盆地にも導入され、青垣の山々に杉が多くなったのではないだろうか。私の素人考えだから、この点については、植物生態学の研究者から、お教えをいただかねばならない。

古代には、秋ともなれば、青垣の山々は山頂から黄色や赤に染まり始め、次第に山麓に及んで、壮麗な光景が現出したかと想像される。

国偲び歌

ヤマトタケルノミコト（倭建命・日本武尊）は、伊勢の能煩野《のぼの》（三重県亀山市能褒野町の一帯）で亡くなる際、次のように歌った。

倭《やまと》は　国のまほろば
たたなづく　青垣、
山籠《やまごも》れる　倭し　美《うるは》し。

大和を偲《しの》ぶ「国偲び歌」である。もともとヤマトと呼ばれたのは、奈良盆地の東南部であった。私は、もともと「ヤマト」とは、三輪山の麓を指したと考えている。いずれふれる機会があるだろう。

のちにヤマトの範囲は拡大されて奈良盆地を、さらには現在の奈良県

4　日本武尊白鳥陵

域を指すようになった。そして本居宣長《もとおりのりなが》の歌に、「敷島《しきしま》の大和心を人問はば朝日に匂《にほ》ふ山桜花」とみえるように、日本列島を指すようにもなる。「まほろば」の「ま」は接頭語。「ほ（秀）」は、最も優れた所を意味する。「ろば」は接尾語。したがって、「大和は日本列島のなかでも最も優れた所。青垣の山々に囲まれた大和は、まことに美しい」の意。

望郷の思いのなかで、ヤマトタケルは悲劇的な最後を遂げた。最近の研究では、大和で歌われていた国褒《くにほ》めの歌が、ヤマトタケル伝承に取り入れられたと考えられている。

ヤマトタケルは、第十二代の景行天皇の皇子。父の天皇の命により、熊襲《くまそ》タケルや出雲《いずも》タケルを討ち（西征）、また東国を平定した（東征）。その帰途、伊勢の能煩野で悲劇的な最後を遂げ、その魂は白鳥となって天《あま》翔《がけ》ったという。

ヤマトタケル伝承は、『古事記』と『日本書紀』にみえるが、『古事記』の方がより素朴で、文学的な香りが高い。西征伝承と東征伝承を比較すると、西征伝承が古く、六世紀中頃には、その原伝承が成立していた。ヤマトタケル像の一部には、ワカタケル大王（雄略《ゆうりゃく》天皇）の英雄的側面が投影されているようである。

二　三輪山

5　大神神社　大鳥居

大神神社の神体山

神体山《しんたいさん》とは、三輪山のように神が籠《こ》もりいますと観念され、信仰されている山を指す。本殿がなく、山そのものを祀る。こうした祭祀形態は、おそらく四〜五世紀代にまでさかのぼるだろう。奈良県内では、三輪山のほか、奈良市の春日大社背後の御蓋山《みかさやま》（若草山とは異なる）、奈良市都《つ》祁《げ》白石町の野々神岳《ののがみだけ》などが、その代表的な事例である。沖縄のウタキも、そうした範疇に含めうる。

青垣の山々のうち、とりわけ優れた山容をもつのは、東の三輪山と西の二上山。

円錐形の秀麗な**三輪山**（標高四六七メートル）は、古来、大物主神《おおものぬしのかみ》が籠もりいます山として信仰されてきた。

西麓に鎮座する**大神神社**《おおみわじんじゃ》は拝殿のみで、本殿はない。三輪山そのもの

6　大神神社　拝殿

を、神体山としてお祀りしているからだ。その拝殿も、寛文四年（一六六四）に江戸幕府第四代将軍徳川家綱によって造営されたものにすぎない。それ以前にあっては、「三《み》つ鳥居」（拝殿の先にある大神神社独特の鳥居）と、それに続く瑞垣《みずがき》のみが、三輪山との境となっていた。

三輪山を円錐形の秀麗な山と表現したが、現状はやや異なる。平成十年（一九九八）九月二十一日に、奈良県中・南部を襲った台風七号の強烈な風で、頂上近くの樹齢三、四百年の杉の巨木が数多く倒れた。そのために山の稜線は鋸《のこぎり》の歯のようになっている。樹齢三、四百年の巨木が倒れたのだから、あと三、四百年を経過しないと、あの美しい稜線は眼にできない。

奈良盆地の中央部を、人々は愛着を込めて「国中《くんなか》」と呼ぶ。その国中の田原本《たわらもと》（磯城《しき》郡田原本町）出身の私は、幼い頃から三輪山を望み見て育った。落胆の思いは深い。

風台風の爪痕

ここ二十数年来、高市《たかいち》郡明日香村の南に接する高取町《たかとりちょう》に住む。中型で強い台風七号が襲来した日、たまたま私は家で仕事をしていた。午後二時半頃だっただろうか、ドスンドスンと音がする。何事だろうと思って外を見ると、我が家の二階から瓦が落ちる音だった。夕方、風も収ま

7　飛鳥坐神社　鳥居

ったので外へ出てみると、六十枚ほどの瓦が砕け散り、目も当てられない惨状であった。

台風七号は強烈な風台風だった。

新聞報道によれば、北葛城《きたかつらぎ》郡新庄町《しんじょうちょう》（現、葛城市新庄町）の消防署の風速計は、瞬間最大風速五九・六メートルを計測したという。強風が葛城山に突き当たり、その吹き返しの風がさらに威力を増したためだろう。室生寺の五重塔が大破したのも、この時の出来ごとである。近鉄南大阪線（大阪阿倍野橋駅と吉野駅を結ぶ）の尺土《しゃくど》駅（葛城市尺土）付近で、送電用の鉄塔が強風で飴が溶けたように曲がった状況も、写真報道された。

しかし三輪山の被害や、奈良県中・南部の古社で境内の巨樹が数多く倒れたことは余り知られていない。村々の鎮守の社殿は大破し、社叢《しゃそう》も甚大な被害を被ったのである。

被害は西南斜面

明日香村へ行かれる機会があれば、ぜひとも東の山々を見ていただきたい。

台風七号では、西南方向からの風が強烈だった。そのため西南斜面の木々は、悉く東北方向へ傾いているのを目にされるだろう。飛鳥川の上流部にも、倒木が目立つ。

かつて飛鳥坐《あすかにいます》神社の境内には、杉の巨木が何本も生い茂り、昼なお暗い感があった。ところが強風のために、巨木のほとんどが倒れた。それですっかり明るくなり、昔日の面影はない。その後、飛鳥弘文《ひろふみ》宮司はツツジの植え込みに努められ、心魅《ひ》かれる斎庭《ゆにわ》となったのは喜ばしい。

後段で、三輪山山麓の大神神社や、そのすぐ北にある摂社の狭井神社《さいじんじゃ》をとりあげる。その折にもふれるが、狭井神社から三輪山へ登ることができる。登拝あるいは「お山《やま》する」という。途中の「三光《さんこう》の杉」から頂上付近にかけては、台風七号の傷痕が今もなお少し残っている。登拝するたびに、心が痛んでならない。

8　三輪山入山口（狭井神社境内）

三 二上山

9 二上山

雄岳と雌岳

西の青垣の山々のなかでは、**二上山**《にじょうさん》の山容が際立つ。雄岳《おだけ》（標高五一五メートル）と雌岳《めだけ》（標高四七四・二メートル）の寄り添う様は、まことに印象的である。雄岳と雌岳は南北に並んでいない。雌岳は雄岳の少し西南に位置している。そのため奈良市あたりからだと、雌岳は雄岳に隠れて見えない。

私の知人に二上山の麓の香芝《かしば》市下田《しもだ》に住んでいる人がいる。以前に聞いた話では、幼い頃からなぜ二上山と呼ぶのか、わからなかったとのこと。下田からだと、雄岳しか見えないからである。

『万葉集』や考古学・古代史に親しみ、奈良・大和路を訪ねる人たちは、青垣の山々や三輪山・二上山の山容に強く心ひかれるという。二上山が印象的なのは、その特異な山容とともに、地理的な要因もあるかと

10　JR 王寺駅付近から見た信貴山

思う。青垣の山々のうち、奈良県と大阪府の境をなす西側の山並みをみよう。

北から主要な山をあげると、生駒山《いこまやま》、高安山《たかやすやま》、信貴山《しぎさん》、二上山、葛城《かつらぎ》山《さん》、金剛山《こんごうさん》と続く。信貴山の南麓は亀ノ瀬の渓谷となっていて、大和川が西流して大阪府側に注ぎ込む。その南側の一帯には、寺山・春日山・鉢伏山《はちぶせやま》（いずれも大阪府）など、低い山々が散在する。また二上山の雌岳の南麓は竹内《たけのうち》峠へと続く。こうした地理的条件から、二上山はそれほど標高が高くないのに、一際、目立つのでは、と思う。

ミニ二上山

二上山は、古代では「フタガミヤマ」と称され、中・近世には「ニジョウガダケ」、近現代になると「ニジョウサン」と呼ばれるようになった。

ここで閑話休題。青垣の山々に、もう一つの二上山があるのをご存じだろうか。それは**信貴山**。寛政三年（一七九一）に秋里籬島《あきさとりとう》が著わした『大和名所図会《ずえ》』には、朝護孫子寺《ちょうごそんしじ》を中心に信貴山を描き、頂上の二峰を「おだけ」「めだけ」と記している。「図会」とは、挿絵入りの案内記をさす。

信貴山の頂上は二峰となっていて、北峰を雄岳（標高四三七メートル）、

11　桧原神社　三つ鳥居

南峰を雌岳（標高四〇〇・五メートル）と呼ぶ。王寺町町役場の周辺やＪＲ王寺駅から、信貴山を眺望されたい。「ミニ 二上山」となっている。

天の二上

古代の天皇の即位式や大嘗祭《だいじょうさい》に際し、中臣氏《なかとみし》が奏上した「中臣の寿詞《よごと》」に「天《あめ》の二上《ふたがみ》」の表現がみえている。古代の人々は、天空に神々の住む高天原《たかまがはら》があると想像していた。高天原世界は、地上の世界を投影したもの。地上の香具山の真上の天空に、天《あめの》香《か》具山《ぐやま》があると考えていた。しかし『万葉集』では、地上の香具山を天香具山とも歌っており、すでに混乱を生じている。二上山の上の天空にあるとされたのが「天の二上」。私の好む言葉である。

東の三輪山、西の二上山。偶然のことではあるが、三輪山と二上山はほぼ東西に位置している。私などは偶然などとは考えずに、「造化の神の妙なる手業《てわざ》」とさえ思う。奈良盆地中央部の中和《ちゅうわ》地域――昔から人々は愛着を込めて「国中《くんなか》」と呼ぶ――に住む人たちは、朝は三輪山に上る朝日を、夕方には二上山の彼方に沈む夕陽を見る習慣があるように思う。

大神《おおみわ》神社から、三輪山の山麓を縫う山辺《やまのべ》の道を北へたどると、摂社の**桧原《ひばら》神社**がある。近世初頭までは拝殿があったが、倒壊してからは再建

12　桧原神社から望む二上山

されていない。近年、大神神社独特の**三つ鳥居**のみ、復原された。大神神社と同様に、三輪山そのものを拝する形式をとる神社である。

三つ鳥居の西側は広場となっていて、山辺の道を歩く人たちが必ずといってよいほど一休みする場所。ここから見る大和国原《くにはら》の眺望は素晴らしい。真西に**二上山**を望み、春と秋の彼岸の中日には、雄岳と雌岳の間の撓《たわ》に夕陽が沈む。一度眼にすると、生涯忘れえぬ光景となる。

桧原神社と二上山を結ぶ線上に位置する地点でも、彼岸の中日には同様の光景を見る。

『古事記』を筆録した太《おおの》朝《あ》臣《そん》安《やす》麻《ま》侶《ろ》の郷里、多《おお》神社（田原本町多に鎮座）付近も、そうした場所。多神社付近からだと、彼岸中日には、三輪山の頂上から朝日が上り、夕陽は雄岳と雌岳の撓に沈む。二上山にごく近い千股池《ちまたいけ》（香芝《かしば》市良福寺）では、池の表にも撓に沈む夕陽が映り、荘厳ですらある。

国中の各地では、年に二回、夕陽が二上山の雄岳と雌岳の撓に沈む光景を眼にすることが出来る。もちろん真西の方向ではない。

しかし眼にした人は、その光景を生涯忘れることはないだろう。大和の各地を歩き続けている私も、二上山の見える風景を好む。そして夕方になると、必ず青垣の山々の彼方に沈む夕陽を、夕映えのなかに浮かぶ二上山を見る。

13　広瀬神社付近の大和川

四　大和川

四つの水系

青垣の山々に続いて、奈良県内を流れる諸河川をみよう。大和川水系、木津川水系、紀ノ川水系、熊野川水系に大別される。奈良県内は地形的にみて、奈良盆地、東部山間地域、宇陀山地、吉野に分類され、奈良盆地を流れる諸河川は大和川水系に属する。東部山間地域と宇陀山地は、ともに木津川水系。布目《ぬのめ》川や宇陀川は木津川となり、京都府南西隅で淀川に合流して、大阪湾に入る。

奈良県南部の吉野は、台高《だいこう》山脈を境として、北側を口《くち》吉野、南側を奥吉野と称する。口吉野を流れる吉野川は、和歌山県に入って紀ノ川と名を変え、紀伊水道に注ぐ。奥吉野を流れる十津川《とつかわ》と北山川は、和歌山県熊野川町付近で合流し、熊野川となって太平洋に注ぎ込む。

奈良盆地の諸河川は、広瀬神社（北葛城郡河合町川合に鎮座）付近で合流し、大和川となる。そして奈良県と大阪府の境である亀ノ瀬の渓谷を流れ下り、大阪平野に入って大阪湾に注ぐ。奈良盆地の諸河川と大阪平野の石川や大和川流域が、大和川水系に属している。

大和川の呼称

いつ頃から〝大和川〟と呼ぶようになったのか、実はよくわからない。

14　大和川・曽我川・飛鳥川の合流点

現在の大和川は、宝永元年（一七〇四）に付け替えられたもの。それ以前の旧大和川は、玉櫛《たまくし》川・久宝寺《きゅうほうじ》川・平野川などに分流し、古代では河内湖に注いでいた。八世紀中頃から九世紀後半にかけて、下流域の河内国志紀《しき》郡・渋川《しぶかわ》郡で頻繁に洪水が起きたことが史料にみえている。

貞観十二年（八七〇）七月の築堤工事に際し、大和国の三歳《みとしの》神《かみ》・大和神《おおやまとのかみ》・広瀬神・龍田神《たつたのかみ》に奉幣《ほうへい》し、雨労のないことを祈らせ

15 寺　川

た。それは「河内国の水源は、大和国より出づるを以《もっ》てなり」という理由からであった（『日本三代実録』）。こうした事例を踏まえると、〝大和川〟の呼称は、河内側で生まれたと思われる。

水泳訓練の場

かつての大和川は清流だった。万葉の時代から近代に至っても、清流を保っていたのである。私は磯城《しき》郡田原本町《たわらもとちょう》の旧町出身。実家のすぐ東側を**寺川**《てらがわ》が流れる。大正九年（一九二〇）生まれの母に聞くと、大正末年頃には寺川でも泳げたとのこと。

昭和二十八年（一九五三）の夏、田原本小学校の三年生の折、私たちは北葛城郡王寺町の大和川で、水泳訓練を受けた。四年生の水泳訓練は木津川。年配の方なら、当時、近鉄京都線の新田辺駅のすぐ北、木津川の南詰めに、夏だけの架設駅「木津川水泳場」があったことを記憶されているだろう。駅を下車した付近で泳いだ。五年生の水泳訓練は室生《むろう》村の大野寺近くの宇陀川。その折、私は溺れかけ、担任の小泉信司先生に助けていただいたことを鮮明に覚えている。

私の個人的な体験からしても、かつての大和川は清流であり、昭和二十年代の後半から少しずつ、その姿を失いかけたことがわかる。それが一挙に悪化したのは、列島改造が進んだ一九六〇年以降であった。近年

16　広瀬神社

では大和川の水質が悪化し、全国の一級河川（一〇九水系）では、最低水準にあることが判明している。

滞流と激流

大和川水系に関わる問題点をあげてみよう。まず第一に、奈良盆地を流れる諸河川が**広瀬神社**付近で合流していることである。そのため大雨が降ると、大和川の水嵩《みずかさ》は急に増し、合流点付近で氾濫が起きやすい。第二に、大和川が王寺町付近で何度か大きく屈曲していることである。大雨の際には屈曲点までは滞流し、そこを過ぎると激流となる。

昭和五十七年（一九八二）の八月一日と二日、台風十号および台風九号崩れの低気圧が奈良県を襲った。二日間の雨量は二八五・九ミリ。記録的な豪雨だった。大和川水系の各所で氾濫し、浸水範囲は、王寺町・斑鳩町・安堵《あんど》町・大和郡山市・川西町・三宅町・田原本町にも及んだ。

王寺町町役場付近で大和川に注ぐ葛下川《かつげがわ》は、本川が激流であったために逆流を起こし、広範囲にわたる浸水被害を招いた。その後、葛下川の改修工事が行なわれ、親水公園も整備されて、人々の憩いの空間となっている。

当時、私は京都市北区紫野に住んでいた。田原本町でも浸水被害が甚大とのニュースに接し、急遽、近鉄電車で戻った。しかし大和郡山駅で電車はストップ。たまたま駅前でタクシーを拾うことができ、迂回して田原本に向かってもらった。水は少しずつ引きはじめていたので、国道二四号線を通行できたが、国道沿いの店舗や民家は一メートルほどの高さまで泥で汚れ、国道の東西は泥の海だった。その日のことは、今も記憶に鮮明である。

大和川水系では、国土交通省大和川事務所、奈良県や大阪府、流域の各市町村等により、治水対策や流域対策が進められている。流域住民も参加・協力して、大和川に清流を復活させることができれば、と思う。

五

亀ノ瀬

17　JR 三郷駅

地滑りと崖崩れ

奈良盆地の諸河川は合流して大和川となり、ＪＲ関西本線の**三郷駅**を過ぎたあたりから、大和川峡谷部に入る。川の中に亀の形をした岩（「亀岩《かめいわ》」という）があることから、この峡谷を**亀ノ瀬**と言う。

亀ノ瀬の地名の初見は、『扶桑略記』治安三年（一〇二三）十月条。藤原道長が法隆寺から河内国に赴く際、竜田《たつた》川を下り「亀瀬山」の紅葉を愛でている。当時、大和川は竜田川と称されていた。

天理大学附属図書館所蔵の保井《やすい》文庫に、江戸初期の「龍田本宮近傍絵図木版」があって、龍田本宮から亀石（亀岩ではなく、亀石とする）付近までを描く。注記によれば、亀石の下流に「紫雲石」があり、そのために川幅の狭くなった所を「亀瀬ノタキ」と称し、「慶長十四年（一六〇九）切落」と記す。

18　大和川亀ノ瀬峡谷部

紫雲石を切り落として、「亀瀬ノタキ」の川幅を広げたのであるが、それでもなお江戸時代を通じて、亀石《かめいわ》とその上流に打ち込まれた「安村《やすむら》氏定杭《しじょうぐい》」との間は、川船の通航が出来なかった。

亀ノ瀬の峡谷は、北岸の生駒山地と南岸の金剛山地に挟まれており、大和川に沿って、**ＪＲ関西本線**と国道二五号線が近接して走っている。大和川が狭い亀ノ瀬の峡谷に流れ込む。ここにも大和川水系の問題点が潜んでいる。それに加えて、右岸（北岸）側の斜面は、よく知られた亀ノ瀬の地滑り地帯。大和川水系の治水では、最大の課題と言ってよい。

地滑りと崖崩れとは違う。崖崩れは風水害や地震などで、各地でよく起こる。三〇度以上の急傾斜地で、風化現象により劣化した表土が、降雨などのために突発的に崩れる現象をいう。それに対して地滑りは、三〇度以下の緩傾斜地で生じる。粘土層などの滑りやすい地層（「滑《すべ》り面」という）の上部にある土塊が、地下水や地下に浸透した雨水などの影響を受け、ゆっくりと動き出す現象である。

懼坂道

亀ノ瀬が地滑り地帯であることは、古くから知られていた。

天武元年（六七二）に起こった壬申《じんしん》の乱に際し、大和で大海人皇子《おおあまのみこ》（のちの天武天皇）軍を指揮した大伴連吹負《おおとものむらじふけひ》は、河内から奈良盆地に侵入し

19　JR関西本線

ようとした近江朝廷軍に対し、兵を分かって河内と大和を結ぶ要衝を守らせた。

高安城や、龍田《たつた》道（龍田山を越える道）、大坂道（穴虫《あなむし》峠を越える道）、石《いし》手《て》道（未詳。二上山の鞍部を越える岩屋越えか）のほかに、紀臣大音《きのおみおおと》に命じて懼坂道《かしこのさかのみち》を守らせている。「懼」という字は、「おそれる」「危ぶむ」を意味するから、懼坂道は亀ノ瀬峡谷の右岸沿いの道とみてよい。

抑制工法と抑止工法

亀ノ瀬の地滑り地帯にある柏原《かしわら》市の峠地区・清水谷地区では、国土交通省近畿整備局大和川事務所により、大規模な地滑り対策事業として、抑制工法と抑止工法が実施されている。地滑りの原因となる土砂を取り除き、地下水を排除する、そのための工事が抑制工法。抑止工法は、地滑り運動を一部あるいは全体を止めるための工事。巨大な鋼管を用いた杭（直径四～六・五メートル。長さ四〇～九六メートル）を、各所に多数打ち込む。

先頃、機会をえて、地滑り対策工事の現場と、地下の状況を見学することができた。ヘルメットを被って地下に潜り、地層の断面を見ると、地滑り土塊の下の粘土層は、水分を多量に含んでいる。指で擦《こす》れるほどの柔らかさであった。

20　三郷駅近くの大和川

粘土層が滑り面となって、上部にある土塊が広範囲にわたってゆっくりと滑ってゆく、そうした光景が頭をよぎり、鳥肌が立った。地滑りを防ぐためには、太い長大な杭を多数打ち込む必要のあることを実感した次第である。

昭和の大地滑り

近代に入っても**亀ノ瀬**では、何度か大規模な地滑りが起こっている。とりわけ昭和六年（一九三一）・七年の地滑りによる被害は甚大だった。昭和六年十一月に峠地区で地滑りが発生、**大和川**の河床が隆起し、翌年七月の豪雨で、大和川は完全に閉塞されてしまったのである。そのため上流部では、広範囲にわたり浸水被害が発生した。

またこの時の地滑りで、当時、大和川の右岸を通っていた関西本線の亀ノ瀬トンネルが土砂で埋まった。復旧工事では、左岸の明神山を削って、新たに河道が開削された。それが現在の大和川の河道である。関西本線も左岸に付け替えられ、トンネルも新たに造られた。

近年、地球の温暖化により、従来予想もされなかった局地的な豪雨が頻発している。また住宅開発にともなう道路舗装が進んだため、大和川水系の各河川は急激に増水する危険が増えた。大和川水系の治水については、国土交通省、上流の奈良県と下流の大阪府、それに流域に住む人々が協力して、早急に解決策を講じる必要があるように思う。

六

曽我川と葛城

蘇我氏の本拠

奈良盆地の中・南部を北流して大和川に合流する諸河川のうち、風土や景観の大きな境界となっているのは、曽我川ではないだろうか。これは私の個人的な見解にすぎないが、その淵源をたどれば、古代にまで遡るように思う。

曽我川は竜門山地《りゅうもんさんち》西縁の重阪峠《へいさかとうげ》に発し、蛇行しながら北流して、広瀬神社（北葛城郡河合町川合に鎮座）のすぐ東側で大和川に合流する。曽我川の呼称は、蘇我氏の本拠地であった曽我里（橿原市曽我町）付近を流れることに由来するのだろう。曽我町には、式内大社の宗我坐《そがにいます》宗我都比《そがつひ》古神社《こじんじゃ》二座が鎮座する。「宗我（蘇我）の地にいますソガツヒコの神を祀る社《やしろ》」の意。他の一座はソガツヒメの神だろう。

蘇我氏はこの地を本拠としていたが、六世紀前半には畝傍山《うねびやま》東南の軽《かる》

21　葛　城　山

の地（橿原市大軽町《おおがるちょう》・石川町の一帯）に進出し、七世紀になると、飛鳥にも本拠を置いた。

橿原市雲梯町《うなてちょう》から曲川町《まがりかわちょう》・曽我町付近を流れる曽我川は、近年の河川改修で緩やかに曲がる河道となった。しかし航空写真をみると、かつての河道は各所で曲流していた。「曲川」の地名は、そうしたところから生じたものとみてよい。

葛城の範囲

奈良盆地の中・南部を流れる諸河川のうち、地形に即した古代の流路の姿を今もよく留めているのは、曽我川と初瀬川《はせがわ》（河川法では「大和川本流」とされる）だろう。寺川・飛鳥川・高田川・葛下川《かつげがわ》・葛城川《かつらぎがわ》は、大和川に近い下流域では条里地割に沿って、ほぼ真北に流れる箇所が多い。平城遷都後、奈良盆地に条里が施行された。おそらく一二世紀頃と思われるが、寺川以下の川は、条里地割に基づいて付け替えられたと推測される。

奈良県中・南部の行政区域をみると、曽我川を境界とする市や町が多い。曽我川を西限とするのは、南から高取町《たかとりちょう》・橿原市・田原本町《たわらもとちょう》・三宅町・川西町。東限とするのは、同じく御所市《ごせし》・大和高田市・広陵町《こうりょうちょう》・河合町である。かなり顕著な特色と言ってよい。

こうした状況は、昭和二十八年（一九五三）の町村合併促進法公布時や、明治二十二年（一八八九）の市町村制施行時にもみられる。明治二十二年の時点では、曽我川の東は高市郡・十市郡・式下郡、西が葛上郡・葛下郡・広瀬郡だった（高市郡の一部は、曽我川の西方域にも及ぶ）。明治二十二年の状況は、一挙に大宝二年（七〇二）の大宝令施行時まで遡る。郡名表記が少し異なるにすぎない。曽我川の西域は、七世紀後半には葛城評《かつらぎのこおり》と称されていたが、大宝令施行に際して分割され、葛《かつ》上《じょう》・忍海・広瀬・葛下《かつげ》の四郡とされたのである。

こうしてみると、古代においては曽我川の西方域を、葛城と称していたことが判明する。むしろ**葛城山**・**金剛山**の山麓から曽我川までの範囲を、葛城と言う方がよいかもしれない。

倭、葛城、闘鶏

『先代旧事本紀《くじほんぎ》』巻十の「国造《こくぞう》本紀」に、六世紀中葉～七世紀後半に実在した諸国の国造が記載されている。国造はクニ（律令制下の国よりも狭い範囲）を支配する在地の首長。大和王権が各地のクニに設置した部《べ》民《みん》や屯倉《みやけ》を管理するとともに、クニでのカミ祀りを主宰した。のちの大和国に、倭《やまと》国造・葛城国造・闘鶏《つげ》国造がみえている。奈良盆地は、倭のクニと葛城のクニに分かたれていたのである。闘鶏のクニは東部山間

22　吉備池から見た葛城・金剛山系

地域をさす。

金剛山・葛城山の麓から二上山の山裾を縫う「葛城古道」をよく歩く。御所市楢原《ならばら》や葛城市寺口・竹内《たけのうち》から望む大和国原《やまとくにはら》の景観を好む。標高二〜三〇〇メートルの傾斜地にある葛城の村々では、大きな構えの古い家が目につき、庭木もよく整えられている。そして必ずといってよいほど、村中には欅《けやき》の巨木が数本そびえ立つ。

歩いていると、夏にはしばしば雷雨に遭遇するし、冬には雪の舞うことも多い。古社が点在し、浄土宗の寺院も多い。仏教民俗も豊かに残る。葛城古道を歩くと、葛城の風土や景観、葛城を舞台とした歴史が盆地部、とりわけ曽我川東方域のヤマトとは、大きく異なることに気づく。

葛城の地名

今日ではカツラギと言うが、古代ではカヅラキだった。葛（カヅラ）は蔓草《つるくさ》の総称。したがって葛城とは、カヅラの広がる地の意。蔓が延び初秋に赤紫の花を咲かせる葛や、木々に巻きつく藤蔓《ふじづる》もカヅラ。中臣鎌足は藤原の姓を与えられ、藤原鎌足となった。一族のうち、祭祀に預かる家筋では、「葛原」と表記するフヂハラ氏もいた。カヅラキの表記は葛城が正しい。「葛」は「葛」の俗字であり、「カツ」の音はない。昨年四月、新庄町と当麻町とが合併して、葛城市が誕生した。しかし「葛」

の表記には問題が多いように思う。葛は葛の俗字なので、葛城市と表記するのが正しいと思う。奈良県五條市は「條」、京都市の五条通りや五条大橋は「条」。このように地名の表記はまことに難しい。地名の発音となると、さらに難しい問題がある。

奈良県橿原市はカシハラ市、大阪府柏原市はカシワラ市である。橿原市民でカシワラ市と言う人はいない。「柏」は文語では「カシハ」だから、もともと「柏原」も、カシハラと発音されていたかと思う。

時代とともに、地名の表記は勿論のこと、地名の発音も変化するのは当然のことである。しかし現代に至るまで守られてきた発音については、それを尊重し、できるだけ後世に残すように努める必要があるだろう。

23　藤原宮跡から耳成山を望む

七

フジハラとフジワラ――地名の発音――

カシハラ、フジハラ

橿原市に国の特別史跡、**藤原宮跡**がある。藤原宮（六九四〜七一〇）は、持統・文武・元明天皇の三代の都。橿原市在住の人たちに尋ねると、皆一様に「フジハラ（文語表記ではフヂハラ）宮《きゅう》」と発音すると言われる。橿原市をカシハラ市と発音するから、当然のことながら、フジハラ宮となるのだろう。

『万葉集』巻一の第五二番歌、「藤原宮の御井の歌」では、「やすみしし　わご大君《おほきみ》　高照らす　日の皇子《みこ》　荒栲《あらたへ》の　藤井《ふじゐ》が原に　大御門《おほみかど》　始め給ひて……」と歌い出している。持統天皇が藤井《ふじい》が原で大御門、すなわち宮殿を造り始められたと歌う。「藤井が原」が約《つづま》って、藤原宮という呼称が生まれた。したがって「フジハラ宮」が正しい。橿原市民が今もって「フジハラ宮」と発音するのは、古来の呼称を正しく伝えてい

24 石光寺

る。フジワラ宮ではない。

ところが現在刊行されている辞典類では、全て「フジワラ宮」として立項している。藤原氏についても、同様に全て「フジワラ氏」で立項する。私見では、「フジハラ宮」「フジハラ氏」とすべきだと思う。

このほど藤原宮跡は、明日香村の諸遺跡などと共に、世界遺産の暫定リストに加えられたから、その読みにも正確を期すべきだろう。

ニジッコウ

奈良県吉野郡川上村に、大字西河《にしがわ》がある。吉野宮の故地、宮滝から五《ご》社《しゃ》トンネルを抜けると大字西河。現在では「ニシガワ」と発音されているが、かつては「ニジッコウ」だった。私もニジッコウという呼び方を聞き覚えている。

西河には有名な蜻蛉《せいれい》の滝《たき》があり、水しぶきに虹が懸かるところから、ニジッコウ（「虹っ光」の意か）と称すると聞いたように思う。ニジッコウの地名呼称は、蜻蛉の滝に由来するのだろう。ニシガワだと、由緒ある蜻蛉の滝を想起することはない。

シメ

二上山の東麓に、葛城市**染野**（旧、当麻町染野）の集落がある。花の寺

25　高松塚古墳　凝灰岩製石槨

として、また中将姫《ちゅうじょうひめ》ゆかりの寺として知られる**石光寺**《せっこうじ》の所在する所。近年まで、染野は「シメ」と発音していた。今では「ソメノ」の呼称が一般化している。

シメは古代に遡る言葉。『万葉集』に、近江の蒲生野《がもうの》で大海人皇子《おおあまのみこ》（のちの天武天皇）と額田王《ぬかたのおおきみ》の間で交わされた歌がみえ、人口《じんこう》に膾炙《かいしゃ》する。額田王は、かつて夫であった大海人皇子に、「あかねさす紫野《むらさきの》行き標野《しめの》行き野守《のもり》は見ずや君が袖ふる」と歌いかけた。

蒲生野には、布を禁色《きんじき》（高貴な人々にのみ許された色）であった紫に染める紫草《むらさきぐさ》が植えられており、人の立ち入ることを禁じる目印、標《しめ》が立てられていた。紫草の根を煎じ、椿の木を燃した灰を媒染剤として、布を紫色に染めたのである。標の立つ野は、人の立ち入りを禁ずる禁野《きんや》であった。

シメという地名は、古代の二上山の東麓に禁野が所在したことを示す、まことに貴重なものである。おそらく二上山に産する凝灰岩が重要視されたことに基づく。

凝灰岩は、六〜七世紀前半には、身分の高い人たちの柩を納める家形石棺に、七世紀後半〜八世紀初頭には、キトラ古墳や**高松塚古墳**など、終末期古墳の石槨に、また七〜八世紀の寺院の基壇に用いられた。シメの地名は文化財であるとさえ言ってよいだろう。ソメノだと、古代の豊

26　染野と雨の二上山

かな歴史が今に伝わってこない。

II　ヤマトのなりたち

27　島庄遺跡と石舞台古墳

28　畝傍山上空から原ヤマトを望む

一　ヤマトの範囲

倭国から大和国へ

ヤマト（大和）、あるいはヤマトクニ（大和国）の響きは穏やかで、何かしら懐かしい。最近、奈良県の観光ポスターなどで、よく奈良・大和路という表現を見掛ける。

この場合の「奈良」は奈良県の意ではなく、奈良町《ならまち》を中心とした奈良市内に限定されているようだ。こうした表現は、県庁所在地である奈良市が、県内の北端に位置することに起因するかと思う。

今でも、他県の人から出身地を問われると「大和です」と答えたり、大阪、京都と較べて「大和では」といった物言いをする人が結構いる。それも奈良市出身以外の人に多いようだ。私の個人的な考えにすぎないが、そうした物言いの背景は、もともとヤマトと称する地域が、中和《ちゅうわ》（奈良盆地中央部）にあったことと無関係ではないように思う。

近代に入って奈良県が成立する以前は、大和国であった。「大和国」の表記が定められた時期については、問題が多い。私見によれば、天平勝宝九年（七五七）八月十八日に、天平宝字元年と改元された時だったかと推定している。

大和国の表現が定着するまでの過程を示すと、次の通り。

倭国→大宝二年（七〇二）の大宝令施行に際し、大倭国→天平九年（七三七）十二月二十七日に、大養徳国→天平十九年三月十六日に、再び大倭国→天平宝字元年八月十八日に、大和国。

中国側が倭国と表現

倭国・大倭国・大養徳国のいずれも、ヤマトノクニと読んだようである。少し解説を加えよう。大宝律令までは、倭国と表記された。藤原宮跡出土の木簡に、「倭国所布評」と記すものがある。所布（そふ）は添。大宝令施行とともに、従来の所布評は分割され、添上郡・添下郡となった。評と郡とはともにコオリ（コホリ）と読む。コオリの表記が、「評」から「郡」に改められたのである。

大宝令施行以前にあっては、倭国の表記は、のちの大和国を指すとともに、七世紀後半（天智朝とする説が有力）に日本という国号が成立するまで、日本列島（東北地方北部や九州南部を除く）を指す呼称でもあった。

29　大和神社（天理市）

この事実に、実は重要な問題点が潜んでいる。

「魏志倭人伝」（『三国志』「魏志」巻三十・東夷伝・倭人条）をはじめとする中国側の史料では、日本列島の大半を倭国と表現している。国号が未成立だった倭国では、中国側で用いていた倭国という表現を、のちの大和国だけではなく、列島大半の呼称や表記として用いていたことになる。また『隋書』倭国伝には、倭国は「邪摩堆（やまと）に都《みやこ》す」と記す。推古朝の大王の宮は、大和に所在すると認識されていた。

原ヤマトとオオヤマト

ヤマトの地名の由来や、その起源とも深く関わる問題であり、事は、邪馬台国（私は「ヤマトノクニ」と読むべきものと考えている）の所在地論にも及ぶ。その議論については、別に述べることとして、ここでは、まずヤマトの範囲にふれよう。

もともと「ヤマト」と称されていた範囲については、直木孝次郎氏により、奈良盆地の東南部であることが論証されている。

その根拠として、『古事記』歌謡にみえるヤマトタケルの国偲《くにしのび》歌に、「やまとは国のまほろば……」と歌われ、また大和王権の直接支配する「倭《やまと》の屯田《みた》」や「倭の屯倉《みやけ》」が、磯城郡と十市《とおいち》郡に所在したことなどがあげられている。

30　甘樫丘から天香具山の遠望

私も氏の驥尾《きび》に付して、ヤマトの範囲を示す史料を列挙し、ヤマトは、シキ（磯城）、マキムク（纏向）、オシサカ（忍坂）、ハツセ（初瀬）、イハレ（磐余）などの地域を、包摂する範囲であったことを論じた。

この範囲を「原《げん》ヤマト」とすれば、それをさらに拡大したのが、「オオヤマト」であり、大和三山に囲まれた地域や、マキムクから北方のワニ坂（和爾坂＝天理市和爾町）に至る地域をも含む。**大和《おおやまと》神社**（天理市新泉《にいずみ》町に鎮座）や城下郡大和《おおやまと》郷の地名が、オオヤマトと称された範囲の一端を伝えている。

三輪山と天香具山

ヤマトの範囲内で、とりわけヤマト王権と深く関わりがあったのは、**三輪山と香具山**（地形図では香久山と表記）。のちに大和王権の王たちが三輪山祭祀に預かっていたことや、三輪山が「天皇霊」を祀る山でもあったことにもふれる。また香具山は、『万葉集』の第二番歌にみえるように、舒明天皇（天智・天武天皇の父）が国見を行った山であった。この歌は、舒明天皇個人の歌というよりも、大和王権の歴代の王たちが、春先に香具山で国見をした際に、歌い継がれた伝承歌と考えられている。

見方を変えれば、「原ヤマト」とは、三輪山を近くに仰ぎ見ることができ、また香具山を含む範囲だったと言うことができるだろう。

二　山辺の道

31　手白香皇女衾田陵

東海自然歩道の一部

三輪山の麓から春日断層崖の下を北へたどる道を、古来、山辺《やまのべ》の道と称している。近年、東海自然歩道として整備された。

菜の花や桃の花が咲く頃、山辺の道を歩くのは心楽しい。近景の山々には点々と遠山桜、西方に望む大和国原は朧《おぼろ》に霞む。大和の春を、心ゆくまで楽しむことができる。

柿若葉の時節、手白香《たしらか》皇女（継体天皇の皇后）の**衾田《ふすまだ》の墓**のあたりから、乙木《おとぎ》集落（天理市乙木）への道を、緑の風に吹かれながら歩くとまことに爽やか。

若い頃より、柿の葉の落ち尽くした、晩秋から初冬の山辺の道を歩くことを好んできた。しみじみとした趣があるからだ。見通しもきくので、古墳を訪ねながら歩くのに絶好の季節である。

32　珠城山古墳群から景行天皇陵を望む

承平年間（九三一―九三八）に源 順《みなもとのしたごう》が著した『和名類聚抄』には、山辺郡に「夜萬乃倍《やまのべ》」の訓《よ》みを付すから、「山辺《やまのべ》の道」とするのがよい。『古事記』に、第十代の崇神《すじん》天皇の陵《みささぎ》を「山辺の道の勾《まがり》の岡《をか》の上《へ》（岡の辺《ほとり》の意）に在《あ》り」、第十二代の景行天皇の陵を「山辺の道の上《うへ》に在り」とみえるので、古代にはすでに山辺の道が存在したことは確実である。

しかし現在の東海自然歩道の道筋は、古代の山辺の道のそれとは少し違う。古代には、**景行陵**（渋谷向山《しぶたにむかいやま》古墳）や**崇神陵**（行灯山《あんどんやま》古墳）の東側を通る道筋ではなかった。

穴師《あなし》集落（桜井市穴師）から、景行陵の西側に下って崇神陵へ北進し、崇神陵の西北隅付近で東北方向に転じ、中山大塚古墳付近へ進むものであった。『古事記』に崇神陵を「山辺の道の勾の岡の上」とするのは、それを裏付けている。

纏向、柳本、大和古墳群

それではなぜ、「山辺の道」と称するのだろうか。単に山の辺《ほとり》を、あるいは山の麓を縫う道の意であれば、全国に「山辺の道」と称する道が多くあってもよい。しかし私の知る範囲では、装飾古墳の密集する福岡県の水縄《みのう》山地北麓の道を、「山辺の道」と称している事例ぐらいだろうか。それも古代からのものであるか、疑わしい。

33　纏向遺跡

二世紀末頃、三輪山西北の扇状地に、**纏向《まきむく》遺跡**が出現した。桜井市太田・箸中《はしなか》地区を中心とした一帯に広がり、その範囲は、東西約二キロ、南北約一・二キロにも及ぶ。四世紀中葉まで継続した、都市的景観をもつ大集落であった。

纏向遺跡では、三世紀前半に纏向石塚古墳や勝山古墳、中頃にホケノ山古墳が築造された。全長八〇～一一〇メートル規模の、三味線の撥《ばち》のように開いた、纏向型の前方後円墳である。三世紀後半に至り、突如として全長二七六メートルの巨大な前方後円墳、箸墓《はしはか》古墳（桜井市箸中）が出現した。箸墓古墳を中心としたこれらの古墳を、纏向古墳群と称している。

四世紀初頭前後から中葉にかけて、纏向古墳群の北方域、天理市柳《やなぎ》本《もと》町・中山町を中心とした一帯に、柳本古墳群と大和《おおやまと》古墳群が形成された。

巨大な前方後円墳として、柳本古墳群に渋谷向山古墳（景行陵、全長三〇二メートル）と行灯山《あんどんやま》古墳（崇神陵、二四二メートル）、大和古墳群に西殿塚古墳（継体天皇皇后手白香《たしらか》皇女の衾田墓とされる。二三四メートル）がある。

王権の王墓

箸墓古墳を含めて、これらの古墳は初期大和王権の王墓とみなされ、

34　崇神天皇陵

箸墓古墳―西殿塚古墳―行灯山古墳―渋谷向山古墳の順に造営された。

第十代とされる崇神天皇について、『古事記』や『日本書紀』では「ハツクニシラシシ天皇」、すなわちこの国を初めて治めた天皇と伝えている。

古代史研究の成果によれば、崇神は、三世紀末から四世紀初頭頃に実在した大和王権の初代王であった。『日本書紀』には、崇神の王宮を磯城瑞籬宮《しきのみずがきのみや》、第十一代の垂仁《すいにん》天皇のそれを纏向珠城宮《たまきのみや》、第十二代景行天皇の王宮を纏向日代宮《ひしろのみや》と伝えている。初期大和王権の王宮は、ヤマトの磯城・纏向の地に営まれたのであり、纏向遺跡を包摂している。

こうしてみると、「ヤマト」という地名は、単に「山の辺《ほとり》や麓の地」の意ではなく、「三輪山の麓の地」に由来することが了解されよう。先にみたことを踏まえれば、「ヤマト」の範囲は、三輪山の麓から「原ヤマト」へ、そして「オオヤマト」へと拡大した。したがって山辺の道も、もともと「三輪山の山麓を縫う道」を意味したのである。

二人のハツクニシラス天皇

崇神天皇について、『古事記』では「初国知《はつくにし》らしし御真木天皇《みまきのすめらみこと》」、『日本書紀』では「御肇国天皇」とし、古写本に「ハツクニシラス天皇」と訓《よ》みを付す。いずれも「初めて国を統治した天皇」の意である。

35　神武天皇陵

一方、初代の**神武天皇**についても、『日本書紀』では「始馭天下之天皇」と記し、同じく「ハツクニシラス天皇」の訓みが付される。なぜ崇神天皇にその名称が付されるのだろうか。

従来の研究を踏まえて結論のみを述べると、もともと大和王権の初代王は、崇神と伝承されていた。六世紀半ばに、歴代の系譜（「帝紀《ていき》」と称された）が最初にまとめられた際、崇神を遙かにさかのぼる始祖王として、神武が位置づけられた。そのため二人のハツクニシラス天皇となったのである。

なお二〇〇九年五月三十一日に、早稲田大学で開催された日本考古学協会総会で、国立歴史民俗博物館の研究グループから、放射性炭素年代測定法に独自のデータによって補正した箸墓古墳の築造年代は、二四〇～二六〇年であり、『魏志倭人伝』の記述から二五〇年頃とされる邪馬台国の女王、卑弥呼の死亡時期と合致すると発表され、大きな話題となった。古代史研究の立場から、発表内容について云云することは出来ない。ただ実在した初代王ミマキイリヒコ（第十代とされる崇神天皇）の崩年干支は、『古事記』に「戊寅年十二月」とみえ、西暦三一八年に相当する。『魏志倭人伝』では、卑弥呼の没後、男王を立てたが国中服さず、更々相誅殺し、当時、千余人を殺した。また卑弥呼の宗女壱与《いよ》（台与《とよ》）年十三なる者を立てて王となし、国中、遂に定まったとみえる。台与の後に、ミマキイリヒコが初代王として即位したと考えられるが、その年代は三世紀末頃とみてよい（二〇一三年七月附記）。

36　弥生式土器

三

時代区分

土器か古墳か

高等学校の日本史教科書をみると、時代区分は様々である。一般的な事例では、旧石器時代、縄文時代、弥生時代、古墳時代、飛鳥時代、奈良時代、平安時代と続く。旧石器時代はかつて先《プレ》縄文時代、無土器時代とされたこともあった。以下、右の時代区分に基づいて問題点を指摘しよう。

こうした時代区分にはいくつかの矛盾点がある。たとえば縄文・弥生時代は、磨製の石器を用いているので、新石器時代でもある。縄文時代には縄文土器（縄文式土器）、弥生時代には**弥生土器**（弥生式土器）を用いていた。すなわち使用した土器による時代区分であるのに対して、古墳時代は、人を葬る埋葬施設としての古墳を営んだ時代を指す。

私は古代史研究者なので、古墳時代を定義することは手に余る。以下

37　豊浦宮・豊浦寺跡

の定義は、私の理解する範囲内でのものである。

古墳時代とは、各地の有力者を葬るに際して、人工的に盛り土をして古墳を造り、埋葬施設（竪穴《たてあな》式石室・横穴式石室・粘土槨《ねんどかく》・礫槨《れきかく》など）を設け、墳丘の周囲に列石を巡らせたり、封土に石を葺き（葺石《ふきいし》）また埴輪や土器を墳丘に樹立した時代である。

古墳時代に用いられた土器は土師器《はじき》であり、五世紀に入ると、朝鮮半島南部の洛東江流域から伝えられた陶質《とうしつ》土器・韓式《かんしき》土器の影響を受けて、国内で須恵器《すえき》生産が開始された。須恵器は奈良時代に至るまで用いられた。

このように縄文・弥生時代は、使用土器に依拠した時代区分であるのに対し、古墳時代という時代区分は、亡くなった有力者を葬る、封土をもつ古墳を基準としている。

ちなみに弥生時代の人々が葬られたのは、平面が方形・円形の低い墳丘の周りを溝で囲った方形・円形の周溝墓《しゅうこうぼ》であった。

宮都所在地で区分

古墳時代から飛鳥時代に移るとされるが、飛鳥・奈良・平安時代は、宮都の所在地に基づく時代区分であるために、問題をはらんでいる。

飛鳥時代は、推古天皇が崇峻五年（五九二）十一月に**豊浦宮**《とゆらのみや》（明日香村

38　石舞台古墳

豊浦《とようら》）で即位してから、和銅三年（七一〇）の平城遷都までを指す。

読者のなかには、明日香村島庄《しまのしょう》にある**石舞台《いしぶたい》古墳**を訪ねられた人も多いことだろう。考古学研究者の間では、横穴式石室の編年研究に基づき、石舞台古墳を推古三十四年（六二六）五月に亡くなった蘇我大臣馬子の「桃原《ももはら》の墓」とみる人が多い。

古墳時代の時期区分は、おおよそ四世紀を前期、五世紀を中期、六世紀を後期とされてきた。しかし昭和四十七年（一九七二）三月の高松塚古墳（八世紀初頭の築造）の発見を契機として、七世紀前半～八世紀初めを古墳時代終末期とする見解が有力化し、今日ではすでに定着した。

したがって石舞台古墳や**高松塚古墳**は、飛鳥時代に築造されたものであるが、古墳研究の上では、古墳時代終末期の古墳なのである。

墳丘墓と方形台状墓

弥生時代から古墳時代にかけての過渡期に、墳丘墓《ふんきゅうぼ》・方形台状墓が出現した。ともに人工的に盛り土をし、墳丘の裾に列石を巡らせ、葺石《ふきいし》をともなう点では、古墳と共通する。前方後円の形をした墳丘墓も存在する。しかし墳丘は自然の丘陵を利用したものが多く、その規模や封土の量も、古墳ほどには大きくない。竪穴式石室も、まだ出現していない。

「方形台状墓」という用語を初めて耳にしたのは、昭和四十八年のこ

39　高松塚古墳

とだったと思う。私は奈良県立橿原考古学研究所（橿考研）の所員（非常勤）でもあり、毎月二十一日に行われる月例の現地説明会に時折参加する。

同年のこと、榛原《はいばら》町下井足《しもいだに》（現、宇陀市榛原町下井足小字大王山）にある大王小学校（現、榛原西小学校）の改築に際し、発掘調査が行われて大王山遺跡の存在が明らかとなった。

弥生後期の竪穴住居や土壙《どこう》のほか、古墳時代初頭の一七・三メートル×一四・六メートルの方形台状墓が検出されたのである。その折の現地説明会で、「方形台状墓」という聞き慣れない言葉を初めて耳にした。

今から考えると、ほぼ同じ頃に纒向石塚（桜井市太田）、楯築《たてつき》遺跡（岡山県倉敷市矢部）、仲仙寺《ちゅうせんじ》墳墓群（島根県安来市）で、墳丘墓が検出されていた。

墳丘墓・方形台状墓を古墳とみるか、それとも弥生時代の墳墓とみなすのか大きな問題であり、時代区分とも大きく関わる。さらには邪馬台国論や大和王権の成立時期にまで波及するだろう。

四隅突出型墳丘墓

墳丘墓や方形台状墓とともに、四隅突出型《よすみとつしゅつがた》墳丘墓が造られた。方形の墳丘の四隅が外側に突出したもので、斜面に石を貼り裾に石列を巡ら

40　西谷墳墓群の四隅突出型墳丘墓

せる。弥生時代後期（紀元前後）に中国山地で出現し、後期の終わり頃（二世紀末〜三世紀）には最盛期を迎え、島根・鳥取県から石川・富山県に及ぶ日本海沿岸に分布するようになった。

とりわけ出雲西部の**西谷墳墓群**（出雲市大津町）では、六基の四隅突出型墳丘墓が築造されており、国指定史跡となっている。西谷三号墓は、突出部を含めると約五五メートル×四〇メートルで、四隅突出型墳丘墓では最大の規模をもつ。まさに出雲の王たるにふさわしい墳墓である。

四　ホケノ山古墳

41　箸墓古墳

纒向古墳群の一つ

三輪山の西北麓に鎮座する桧原《ひばら》神社から西方へ延びる道を下ると、井《い》寺《でら》池がある。井寺池の堤に立つと西方に大和国原《くにはら》が広がり、眼下に**箸墓《はしはか》古墳**（桜井市箸中《はしなか》）を望む。その樹叢《じゅそう》は濃い緑。北側に、かつての周濠の面影を残す「大池」が広がり、緑と水の色の対比が目に鮮やか。

箸墓古墳は全長二七六メートルの巨大な前方後円墳であり、三世紀後半に突如として出現した。王墓と言うにふさわしい巨大古墳である。

それまでに纒向《まきむく》遺跡では、勝山古墳（桜井市東田《ひがいだ》、全長一一〇メートル）、纒向石塚古墳（同市太田、全長九三～九六メートル）、ホケノ山古墳（同市箸中、全長八〇メートル）などが築造されていた。

それらの古墳は、前方部が三味線の撥《ばち》のように開いた纒向型前方後円墳で、以前は弥生時代の墳丘墓とされ、纒向石塚・ホケノ山と称されて

42　石上神宮境内の鶏

いた。ところが今日では、墳丘墓は古墳であるとの認識が深まり、纒向石塚古墳・ホケノ山古墳と称されている。

勝山古墳の第四次調査（平成十三年）で出土したヒノキの板材は、年輪年代法による測定で、二一〇年頃に伐採されたことが判明している。また纒向石塚古墳の後円部は、これまでの発掘調査で幅二〇メートルの周濠が検出され、周濠内から弧文円板《こもんえんばん》や鶏《にわとり》形《がた》木製品、建築部材、纒向Ⅰ式期の土器などが出土しており、勝山古墳とともに最も古い古墳とされている。

神聖視された鶏

纒向石塚古墳出土の鶏形木製品には、鶏冠《とさか》が表現されているから雄鳥《おんどり》。朝、時を作る鶏は、『古事記』の天の岩戸《いわと》段に「常世《とこよ》の長鳴鳥《ながなきどり》」、すなわち常世（長い夜）の終わりを告げる鳥とみえており、神聖視されていた。天理市の**石上神宮**の境内には、長い尾の鶏が放たれている。古墳に樹立される形象《けいしょう》埴輪でも、家形埴輪とともに鶏形埴輪は比較的早い時期に出現した。

伊勢神宮では、二〇年に一度行われる式年遷宮に先立つ山口祭などに際し、今でも鶏二羽・卵二〇個が供えられる。古代では鶏卵を、固い殻で包まれていることから「カヒ」と称した。貝も同じである。鶏卵も神

43　メスリ山古墳

聖視されていたので、食用とされることはなかった。日本で鶏卵を食用とするようになったのは、近世の初め、オランダからカステラの製法が伝わり、鶏卵を用いるようになってからである。

名の由来は不明

ＪＲ桜井線の線路を挟んで、西側に箸墓古墳、東側にホケノ山古墳がある。「ホケノ山古墳」の名称は小字《こあざ》名に基づくが、その名の由来はよくわからない。地籍図に記された小字名の誤記か、誤読かとも思う。参考として、次のような事例がある。

桜井市高田に、全長二二四メートルの前方後円墳、**メスリ山古墳**（国指定史跡）があって、後円部の副室から玉杖《ぎょくじょう》・鉄弓や多数の銅鏃・ヤリ先が出土したことで著聞する。その「メスリ山」の呼称の由来がよくわからない。以前、日本地名学研究所所長の池田末則先生（先年、物故された）から卓見をうかがった。地積図は折り畳み式になっており、折り目の部分の字が擦《す》れていることもしばしば。「メスリ山」の小字名も、そうした部分に記されており、「グ」を「ス」と誤読した可能性があるとのこと。確かに「メグリ」という小字名は、前方後円墳の前方部と後円部が接するところに多い。「メグリ山」古墳が正しいと思われる。

ホケノ山古墳の発掘調査で、「石囲い木槨」という、未知の構造であ

44　ホケノ山古墳

ることが判明し、大々的に報道された。朝のテレビのニュースで、アナウンサーが「ホノケ山古墳」と言ったので、微苦笑したことを思い出す。

朝鮮半島南部の影響

いささか脱線した。平成十二年（二〇〇〇）に橿考研と奈良県教委、桜井市教委により、**ホケノ山古墳**後円部の発掘調査（第四次調査）が実施されたが、調査は難航した。埋葬施設の状況が容易に判明しなかったからである。最終的には「石囲い木槨」であることが確定した。礫床《れきしょう》の上に刳《くり》抜《ぬ》き式の舟形木棺を安置し、それを木槨（棺を保護する木製の構造物）で覆い、その周囲に河原石を積み上げて石囲いとしたものである。

木槨上部の石壇の周囲には、底部を穿孔《せんこう》した庄内式の二重口縁壺を並べていたらしい。棺内には多量の水銀朱が残り、舶載《はくさい》の画文帯神獣鏡《がもんたいしんじゅうきょう》一面と内行《ないこう》花文鏡《かもんきょう》の破片、鉄剣五口、棺外には、鉄製の武器類や農耕具が多数置かれていた。画文帯神獣鏡や土器の年代から、築造年代は三世紀中葉と判断されたのである。

私も何度か発掘調査中の現場を見学した。橿考研の所員であるのは有り難い。調査の進行状況を詳しく教えてもらえるし、幼稚な質問もできる。調査が難航したのは、木槨が腐敗して無くなり、河原石が落ち込んでいたからである。そのため木槨の状況については、いろいろな見解が

45　ホケノ山古墳の東側墳丘裾部の状況

あった。最終的には、厚さ一〇センチ前後の板材を外側から計六本の添え柱で支え、槨内にも六本の柱を立てて支えていたと判断された。『魏志倭人伝』には、「その死には棺あるも槨なく、土を封じて冢《ちょう》を作る」とみえる。しかし先述した楯築《たてつき》墳丘墓や西谷三号墳丘墓では、ホケノ山古墳と同様に木槨が検出されているから、その記述には問題がある。朝鮮半島南部では、二世紀頃から大型墓に木槨が採用されており、倭国における墳丘墓や木槨の出現は、その影響下にあったことが推測される。

徳島の萩原二号墳

ホケノ山古墳に関連して、阿波（徳島県）との関連が急浮上してきた。平成十九年（二〇〇七）三月十四日、徳島県教委は、**萩原《はぎわら》二号墓**（徳島県鳴門市大麻町萩原）の発掘調査で、墓室・木槨《もっかく》を積石で囲んだ三重構造の埋葬施設を検出、出土した土器から二世紀〜三世紀初頭の築造であり、ホケノ山古墳の原形かと発表し、大きく報道された。

その直後の三月二十二日、萩原二号墓の発掘現場を訪ねた。現場は、比高差二〇メートルほどの丘陵の上。青天白日のもと、南を望むと、四国山脈は数日来の寒波で冠雪し、山嶺がきらめく。手前には吉野川の雄大な流れ。「四国三郎」の名にふさわしい大河で、群青《ぐんじょう》の川面が陽光に

46　萩原２号墓　埋葬施設の検出状況

映え美しい。

私は、史料に基づく古代史研究と、発掘調査によって検出される遺構・遺物に基づく考古学研究との接点を埋めたい、と常々考えている。それで発掘現場をよく訪ねる。報告書を読むだけでは、表面的な知識を得るにすぎない。現地を踏み、発掘調査担当者から遺構や遺物の説明を受け、自分の目でそれらを確かめることによって、初めて真の知識となる。

その前後にも萩原二号墓を見学している。ホケノ山古墳との違いを、自分なりに理解したいと思い、現地説明会にもう一度訪ねた。発掘担当者は徳島県埋蔵文化財センターの藤川智之氏であり、旧知の間柄だったことにもよる。

十年余、同志社大学文学部史学科の非常勤講師を務めていた関係で、森浩一先生の門下生である考古学研究者との交流が深い。大和郡山市出身の藤川氏もその一人。またここ七、八年、観音寺遺跡（徳島市国府町）出土の木簡を、私一人で釈読している（平成十九年当時）。これまで二〇〇点余の木簡が出土し、その内には日本最古級（七世紀第二四半期）の論語木簡や、勘籍《かんじゃく》木簡（勘籍とは、戸籍を確認する行政手続き）があり、全国的に注目された。藤川氏は観音寺遺跡発掘の主要メンバーでもある。

47　萩原２号墓　埋葬施設横断トレンチ

積んだ石の壁

萩原二号墓については、平成十六、十七年度の調査で以下のことが判明していた。自然の丘陵を利用し、地元産の砂岩（撫養《むや》石）を盛り上げて作られた積石塚《つみいしづか》で、直径は約二〇メートル。南側に長さ五・二メートルの突出部（幅四メートル）が取り付き、前方後円の形を呈している。

平成十九年三月の発掘調査で、円丘の中央部から**埋葬施設**が発見された。部分的な調査であったため、その全容が解明されたわけではない。しかし東西に長く木棺が置かれ、その周囲に同方向の、やや幅の広い木槨を設置していたことは確実である。

木槨の上面には、長円形をした結晶片岩（緑泥《りょくでい》片岩）の小石を盛り上げ、木槨の周囲に、一辺一五～二〇センチの角張った砂岩を積んで礫槨《れきかく》とし、さらに礫槨の外周と墓壙《ぼこう》との間に、結晶片岩を積んで石の壁（石積み墓壙壁）としていた（墓壙とは、棺や槨を収めるための穴を指す）。

石積み墓壙壁外側の二ヵ所で土器が集中して出土し、鉢と壺の二個体分であることが判明、その特徴から、萩原二号墓は二世紀末から三世紀初頭に築造されたものと判断された。

48　萩原２号墓　出土鏡と破断面の研磨痕（下）

簡略化された埋葬施設

萩原二号墓は、比高差二〇メートルほどの丘陵を利用して造られた積《つみ》石塚《いしづか》であり、木棺を納めた木槨を、礫槨と石積み墓壙壁で囲んでいる。一方、ホケノ山古墳は、微高地に墳丘を築いて纏向型前方後円墳とし、後円部に木棺を納めて木槨で覆い、その周辺に石を積み上げて「石囲い木槨」としたものである。その埋葬施設は、萩原二号墓のそれを、より簡略化したものとみてよい。

萩原二号墓と同様の前方後円墳をした積石塚は、同じ萩原古墳群の一号墓や、讃岐（香川県）の石清尾山《いわせおやま》古墳群（高松市峰山町）にもみられる。以上のことから、ホケノ山古墳は、讃岐や阿波で発生した積石塚の影響を受け、出現したことが明白となった。

阿波の石材

阿波との関連では、さらに注目すべきことがある。ファイバースコープによる調査で、未盗掘古墳であることが判明し、大きく報道された闘《つ》鶏山《げやま》古墳（大阪府高槻市氷室《ひむろ》町、全長八六・四メートルの前方後円墳）には、後円部に二つの主体部があって共に竪穴式石室であり、石室石材として徳島県の吉野川流域に産する結晶片岩を用いていることが、画像により確認された。遅くとも四世紀前半までに築造されたと推定されている。

そのほか紫金山《しきんざん》古墳（大阪府茨木市宿久庄）や将軍山古墳（茨木市安威《あい》）など、北摂に所在する前期の前方後円墳でも、竪穴式石室の石材に阿波産の結晶片岩が用いられている。

こうしてみると、大和・北摂の墳丘墓や前期古墳の埋葬施設の構造、竪穴式石室の石材は、阿波と密接な関わりを有しているかと推測される。今後、その歴史的背景の解明が、重要な研究課題となるだろう。

49　瑞籬郷

五　瑞籬郷

近世の三輪本郷

瑞籬郷《みずがきごう》は、神体山である三輪山の麓を指す呼称である。古来、神聖視された空間だった。「水垣郷」と表記される場合もあるが、ここでは瑞籬郷としておく。

もう少し厳密に言うと**初瀬**《はせ》**川**（大和川本流）と巻向川に挟まれた、三輪山を間近に仰ぐ範囲である。近世には三輪本郷とも称された地域で、高宮・馬場・茅原《ちはら》・箸中《はしなか》・岩田（芝）・金屋《かなや》・薬師堂・上市・下市村と新《しん》町《まち》から成っていた。この域内に住む人たちが大神神社の氏子である。大神神社では、新年を迎えると繞道祭《にょうどうさい》が行われる。大和の新春を彩る火の祭典。神官により鑽《き》り出された浄火を大松明に移し、それを瑞籬郷に住む氏子の若者たちが担いで、三輪山の麓の摂末社を巡る。遠くから見ると、緩やかな火の動きはまことに神秘的。巡り終えるころには夜明け

50　桜井市金屋付近の初瀬川　河下を望む

となる。

瑞籬郷をとりまく初瀬川と巻向川について、説明を加えよう。初瀬谷を取り巻く山々から流れ下る小川は、合流して初瀬川となる。桜井市慈《じ》恩《おん》寺《じ》付近で奈良盆地に注ぎ込み、流れを西北に転じて、桜井市芝の終末処理場近くで巻向川と合流し、大和川となる。

一方、巻向山から流れ下るのが巻向川。古代には穴師《あなし》（痛足）川とも称された。箸墓古墳の辺りから東方を望むと、三輪山と穴師山との間に、遠く巻向山が見える。

穴師集落の雨

巻向山には二つの峰があって、ほぼ中央に標高五六五メートルの峰、その東南に標高五六七・一メートルの峰。東南の峰は古来、弓月ヶ岳《ゆづきがたけ》と称されてきた。『万葉集』巻七に次の歌がみえる。

痛足川《あなしがわ》河波立ちぬ巻目《まきもく》の斎槻《ゆつき》が嶽《たけ》に雲居《ゐ》立てるらし

（巻七—一〇八七）

ぬばたまの夜《よる》さり来《く》れば巻向《まきむく》の川音《かはと》高しも嵐《あらし》かも疾《と》き

（巻七—一一〇一）

ともに柿本朝臣人麻呂歌集に収められていたもの。山辺の道沿いにある**穴師《あなし》集落**（桜井市穴師）付近で、柿本朝臣人麻呂の詠んだ歌である。穴

51　穴師の集落

師集落は山際に近いので、弓月ヶ岳は見えない。そのことに留意して歌を鑑賞する必要がある。

『万葉集』の研究者のように的確には訳せないが、私なりに訳してみると、「穴師川の水量が増して、川波が立っている。由槻が嶽に黒雲が懸かって、雨が降っているらしい」「夜の闇が深まるにつれ、巻向川の川音が高く響く。嵐が吹き荒れているらしい」の意。

山辺の道を歩いていて、穴師の集落に立ち至った折、巻向山やすぐ近くの三輪山に雨雲が湧き、今にも激しい雨が降りだしそうになったことがある。国中《くんなか》の田原本《たわらもと》に育ち、そうした経験は全くなかったから、身の震えてくるような思いに囚《とら》われた。

若いころから短歌を作り、新聞の短歌欄に投稿していた。ここ二〇年来、吉野在住の前登志夫先生に師事し、先生主宰の「ヤママユ」の同人で歌人でもある（先年、前先生は物故された）。

嘱目《しょくもく》した穴師川の河波や、夜の巻向川の川音の響きから歌い出された両歌は、人麻呂ならではのものだろう。大伴家持や近代の折口信夫の歌にも同じような調べがある。

墓のない地域

少し脇道にそれた。瑞籬郷に話を戻そう。瑞籬郷で注目されるのは、古来、墓を営む慣行のなかった事実である。

箸墓古墳やホケノ山古墳は、巻向川の右岸（北岸）にあって、瑞籬郷を避けている。中世以降の墓地も、瑞籬郷を避けて営まれてきた。初瀬川左岸（南岸）にある極楽寺の墓地（桜井市粟殿《おうどの》）や、箸墓古墳西南の墓地などである。

日本の基層信仰（神祇信仰）では、死のケガレを最も忌避《きひ》する。そのため神体山である三輪山の麓を、神聖な空間とする瑞籬郷が生まれたのだろう。もっとも桜井市茅原《ちはら》には茅原大墓古墳や狐塚古墳があるので、瑞籬郷が形成された時期については検討を要する。

Ⅲ ヤマト王権

52 ワニ氏の里 櫟本高塚遺跡

53　箸中大池と箸墓古墳

一

箸墓古墳

巨大な前方後円墳

奈良県桜井市箸中《はしなか》に所在する**箸墓古墳**は、全長二七六メートルの巨大な前方後円墳。全国第十一位の規模である。正式には**大市墓**《おおいち》という。宮内庁が管理する陵墓の一つ。

『日本書紀』によれば、第十代の崇神天皇の姑《おば》、ヤマトトトビモモソヒメ（倭迹迹日百襲姫。以下、モモソヒメとする）を大市に葬り、人々は箸墓と呼んだと伝える。『古事記』にはみえない伝承である。

モモソヒメは第七代の孝霊天皇の皇女とみえるので、崇神の姑とするのはおかしいが、第九代開化天皇の妹（崇神の叔母）にも、ヤマトトトヒメ（倭迹迹姫）という女性がみえる。両者の間には混乱があり、モモソヒメは崇神朝に活躍するから、崇神の姑とみてよい。崇神朝に疫病が流行した際、モモソヒメは神がかりして、その原因と解決方法を託宣《たくせん》した

54　大市墓の鳥居

とみえる巫女《みこ》的な女性である。

陵墓とは、天皇を葬った山陵と、皇子・皇女や功臣を葬った御墓《みはか》を、併せ称した言葉である。天平宝字四年（七六〇）十二月の勅により、皇后・皇太子・太皇太后の墳墓も山陵と称するようになった。

全長二〇〇メートルを超す巨大な前方後円墳は、全国で三十六基あって、その内、三十二基が奈良県（十九基）と大阪府（十三基）に集中している。古代の行政区域でいえば、大和国に十九基、河内国に七基、和泉国に五基、摂津国に一基となる。こうしてみると、大和王権は、大和と摂河泉《せっかせん》を勢力基盤として成立したことがよくわかる。

宮内庁が厳重管理

三十二基のうち、二十四基が陵墓および陵墓参考地。「皇室の祖先の御魂《みたま》を祀る場所」とされ、宮内庁により厳重に管理されている。立ち入ることは許されない。

残り八基のうち、誰もが自由に周辺を散策したり、墳丘に上って観察できるのは、私の体験からすると、桜井茶臼山古墳・メスリ山古墳（ともに桜井市）、室宮山《むろのみややま》古墳（奈良県御所市室）、津堂《つどう》城山古墳（大阪府藤井寺市）ぐらいだろうか。周濠があったりして、立ち入れない古墳もあるからだ。

55　津堂城山古墳

津堂城山古墳の見学を勧めたい。近鉄南大阪線の藤井寺駅を下車して北へ向かう。商店街や古い町並みを歩いて二〇分ほど。少し残る周濠は菖蒲園となり、ほかは市民によって色とりどりの花が植えられている。西北隅にはガイダンス施設もあって有難い。墳丘に上れば、巨大前方後円墳の偉容を目の当たりにできる。

三十六基の巨大前方後円墳のうち、太田天神山古墳（群馬県太田市）、摩湯山《まゆやま》古墳（大阪府岸和田市）、西陵《さいりよう》古墳（大阪府泉南郡）を除けば、これまでに実見している。

布留0式土器の出土

個人的な体験からすると、巨大な墳丘の全貌を近距離で見下ろすことができるのは、箸墓古墳だけだと思う。これまでに何度かふれた井寺池の堤に立てば、その全容を俯瞰できる。桧原《ひばら》神社から西に下る尾根筋に築造されているのも、意味のあることだと思う。

平成六年十二月～翌年三月に、奈良県立橿原考古学研究所により、箸墓古墳の北側に広がる「大池」（民有地）の西堤の改修工事に先立って発掘調査が実施され、画期的な発見があった。

箸墓古墳の前方部北側に幅一〇メートルほどのテラスが広がり、その北辺の落ち込みから、古墳築造に従事した人たちが日常的に使用してい

56　城山古墳の遠景

た土器類が多量に出土した。それらの土器は「布留0（ゼロ）式」期のもので、発掘を担当した寺沢薫氏は、その年代を西暦二八〇〜三〇〇年頃とされている。

これまで箸墓古墳について、正始《せいし》年中（二四〇〜二四八）に亡くなった邪馬台国《やまたいこく》の女王、卑弥呼《ひみこ》の墓とする見解があった。しかし土器の年代からみると、卑弥呼から一、二世代後の人物の墓となる。

『魏志倭人伝』によれば、卑弥呼の死後、男王を立てたが、国中服さず動乱が起きたので、卑弥呼の宗女（同族の女性。姪か）である台与《とよ》（壱《い》与《よ》とも）を立てて王とし、国中が遂に定まったとみえる。したがって台与の可能性が、むしろ大きくなったとみるべきだろう。四二ページを参照されたい。

『梁書』倭伝の記事

箸墓古墳出現以前の纏向遺跡では、八〇〜一一〇メートルの纏向形前方後円墳が何基か築造されていた。そうした状況下にあって、全長二七六メートルの箸墓古墳が突如として出現したのである。従来の規模をはるかに凌駕《りょうが》する巨大古墳であり、その造営に要した土量や動員された人数を考えると、その背景には、他地域と隔絶した政治権力が確立したことを物語る。大和王権の成立に他ならない。

57　三輪山への入山口（狭井神社境内）

『魏志倭人伝』の記述と、『古事記』『日本書紀』の接点はない。従来、ほとんど注目されてこなかった史料に、『梁書』倭伝（巻五四の諸夷伝）がある。台与の後、また男王が立って中国から爵名を受けた記事がみえ、まことに興味深い。私は、この男王こそ、ハツクニシラシシ天皇と称されたミマキイリヒコ、崇神天皇だと考えている。『古事記』の最古の写本である真福寺本『古事記』に、崇神の崩年《ほうねん》を「戊寅《つちのえとら》年十二月」と伝えており、西暦三一八年にあたることも参考になる。

モモソヒメの悲劇

モモソヒメは死後、大市に葬られ、人々はその墓を「箸《はし》の墓《はか》」と呼んだという（『日本書紀』崇神天皇十年九月条）。

箸墓伝承の背後には史実が隠されており、まことに興味深い。まずその梗概を示そう。

モモソヒメは**三輪山**の神、大物主《おおものぬし》神の妻となったが、神は夜訪れるだけであった。それでモモソヒメは夫である神に「顔を見たいので、明朝、麗しい顔を見せてほしい」と懇願する。了承した神は「明朝、櫛笥《くしげ》（櫛を入れる箱）の内に入っているが、決して驚かないように」と言った。モモソヒメは少し怪しんだが、夜明けを待って櫛笥をあけると、美しい紐のような小さな蛇が入っていたので驚き、大声を上げてしまう。

神はそれを恥じ、たちまち人の姿になってモモソヒメに、「貴女《あなた》は辛抱できずに驚き、私に恥をかかせた。私も貴女に恥をかかせよう」と言って、大空を踏み御諸山《みもろやま》（三輪山）に登ってしまった。悔やんだモモソヒメは気落ちして、その場にしゃがみ込み、箸で我が身の秘所を突いて亡くなった。死後、大市に葬られたが、人々はその墓を「箸の墓」と呼んだという。

三輪山の神

三輪山に籠もりいます大物主神は、「大いなるモノ（霊力）をもつ神」とされる。原初には、蛇体と観念されていたことが興味深い。ヲロチとする伝承もある。黒雲を呼び、雷雨を降らせる龍蛇神であった。三輪山南側の初瀬谷に大気《たいき》（空気）の流れがあり、雨雲が発生しやすいことがその背景にあると思う。

三輪山の神の神格は時代とともに変貌する。私見によれば次のようであった。大和王権が成立すると、奈良盆地東南部のヤマトの守護神とされ、王自らその祭祀に預かったらしい。王権が各地に勢力を伸長させる過程で、軍神とも観念され、各地に勧請《かんじょう》さ

58　珠城山古墳群から三輪山を望む

59　大神神社境内　巳の神杉

れていく。全国各地にミワ（神・三輪・美和）神社や、ミワ・オホミワ（神・大神）の地名が分布するのは、そうした歴史的経緯を反映している。六世紀中葉になると、大物主神の後裔と伝える神《みわ》（三輪）氏が三輪山祭祀に預かるようになった。今日では、**大神神社**の崇敬者は全国各地に及んでいる。

夜に示現する神

箸墓を、昼は人が造り、夜は神が造ったと伝える。人々は大坂山（二上山）の石を、箸墓まで「手遞傳《たごし》」に、手から手へ渡して運んだ。その際、人々は「大坂に　継《つ》ぎ登れる石群《いしむら》を　手遞傳に越さば　越しかてむかも」（大坂山の下から上まで続く石を、手から手へと渡してゆけば、渡しきれるだろうか）と歌ったという。

この箸墓伝承には、いくつか注目すべき点がある。まず、「ハシの墓」の由来について言及しよう。『日本書紀』が成立した奈良時代初期に、大市に所在していた巨大古墳は、「箸の墓」と称されていた。その名の由来は、当時すでに不明となっていたらしい。

モモソヒメが我が身を「箸」で突き亡くなったとするのは、あまりにも牽強付会にすぎる。民俗学的には、箸は神聖なものとされているからだ。節句や祭日に、柳箸など、特別な木で作った箸を用いたり、精進日に精進箸を使うのは、そうした事例である。

モモソヒメの悲劇は、神の妻となった女性（巫女《みこ》）が神の言葉に応えられなかったことに胚胎《はいたい》する。神は夜に示現《じげん》する存在であった。大物主神が夜のみモモソヒメのもとを訪れたのは、当然のことである。それなのにモモソヒメは夜が明けてから、その姿を見たいと言い、なおかつ神の懇願を守らなかった。それを悔い、モモソヒメは死を択んだのである。

現在でも、神は夜に示現《じげん》すると観念されている。近代になって、祭りは昼間に移行する傾向が強くなった。それでも主要な祭事は、その前夜（宵宮《よいみや》・宵祭り・夜宮《よみや》）に行われる。春日大社若宮の「おん祭」の「お渡り式」が代表的なものだろう。

先端、端緒の「端」

先年、物故された国文学者の土橋寛先生（同志社大学名誉教授）は、ハシ墓を土師《はじ》墓、すなわち大王の死にともなう喪葬《そうそう》儀礼を掌り、また埴輪の製作などに当たった、土師氏が造営した墓（古墳）と解釈された。

従来になかった魅力的な説である。ただ土師氏という氏族名の成立時期は、五世紀後半と考えられるので、箸墓古墳造営時にまで「土師氏」説を遡らせうるか否か、問題を残す。

60　珠城山古墳群から箸墓古墳、耳成山の眺望

私は密かに「端墓《はしのはか》」ではなかったか、と考えている。『広辞苑』によれば、「端」は「物の末の部分。先端」を意味するから、**箸墓古墳**が桧原《ひばら》神社から西方に延びる尾根筋の先端に位置していることとも関わりがあるだろう。

「端」はまた、あとが続く最初の部分、きっかけ、いとぐち、端緒の意味もある。箸墓古墳は、列島で最初に出現した巨大古墳であった。それが強く意識され、「ハシ（端）の墓」と称されていたものが、「箸墓」に転じたのではないだろうか。一案として提示しておきたい。

［補注］二〇〇九年五月三十一日に、早稲田大学で開催された日本考古学協会の第七五回総会において、国立歴史民俗博物館の炭素年代研究プロジェクトチームにより、「古墳出現の炭素一四年代」と題する研究発表が行なわれた。大きく報道されたから、記憶されている読者も多いことだろう。

その内容は、箸墓古墳から出土した布留0式土器の年代を、二四〇〜二六〇年代と推定し、卑弥呼が死亡した二四七年は、箸墓古墳の炭素一四年代を較正した二四〇〜二六〇年代のなかに入っていることから、箸墓古墳の被葬者は卑弥呼であった可能性が大きい。また卑弥呼の死後、ただちに殉葬者を伴って埋葬されたのであれば、箸墓は卑弥呼が在世中に大部分を築いた寿陵であった可能性がつよいとする。

私は日本古代史の研究者であるから、発言する資格はない。ただ少し気づいたことを述べると、「寿陵」とする点には問題が多いように思われる。『日本書紀』によれば、生前から予め山陵を築いたと伝えるのは仁徳天皇のみであることと、もし生前から造営していたのであれば、文中に何らかの言及があって然るべきと考える。

二　王墓築造

大坂の関

箸墓伝承にみえる大坂山は、どの山を指すのだろうか。いくつかの手がかりがある。天武八年（六七九）十一月に、龍田《たつた》山と大坂山に初めて関を置き、難波に羅城を築いた（『日本書紀』）。大和から龍田山・大坂山を越えて河内へ、さらに難波へ至る人々を検問するため、関が設置されたのである。

龍田山は**龍田大社**（奈良県生駒郡三郷町立野《たつの》に鎮座）の背後にある山。奈良時代には、平城京から難波に赴《おもむ》く際、龍田山を越えるのが一般的で、『万葉集』にも龍田山がよく歌われている。天武朝段階では、太子道（筋違道《すじかいみち》）をとり、斑鳩を経由して、龍田山を越えたのだろう。

大坂山については、大和と河内を結ぶ峠道を検討すると、二上山とその西方域の山々を指すとみてよい。北から穴虫峠越え、岩屋《いわや》越え、竹《たけの》

61　龍田大社

内《うち》峠越えがあり、これまでに歩いた体験からすると、穴虫峠越えはそれほど高低差もなく、最も歩きやすい。近鉄南大阪線沿いの屯鶴峯《どんづるぼう》への登り口付近（香芝市穴虫）は峡谷となっており、大坂の関の候補地と思う。

大坂山口神社

葛下《かつげ》郡の式内社、大坂山口神社も、大坂山の麓に祀られた神社だから、有力な手掛かりとなる。崇神九年三月に、黒盾八枚《やつ》・黒矛八竿《やさを》を捧げて祀ったという大坂神も、大坂山口神だろう。現在、穴虫峠越えの道に面した香芝市大字穴虫小字宮山と、東北約八〇〇メートルの逢坂《おおさか》（香芝市大字逢坂）の二ヵ所に、大坂山口神社がある。「逢阪」の地名も大坂山に結びつく。

一方、竹内峠越えの道は、途中で岩屋越えの道を併せ、大阪府南河内郡太子町に至る。太子町大道《だいどう》に孝徳天皇陵があって、正式には大坂磯長《しながの》陵《みささぎ》という。河内の磯長《しなが》にも、大坂山に由来する大坂の地名があった。『古事記』の履中《りちゅう》天皇段にも、河内の「大坂の山口」から「当岐麻道《たぎまみち》」（当麻道。岩屋越え）をとり、大和に至った伝承がみえる。

以上のことから、大坂山は二上山《にじょうさん》と、その西方域の山々を指すとみてよいだろう。

62　二　上　山

二上山の火山活動

二上山は火山だった。香芝《かしば》市の二上山博物館刊行の展示図録『よみがえる二上山の三つの石』によって、その概要を示そう。

二上山の火山活動時期は、約二〇〇〇万年前から約一三〇〇万年前で、二上山の形成史は四時期に分けられる。第一期は火砕流《かさいりゅう》が噴出した時期。火山活動がやや弱まった第二期には、溶岩を噴出し、二上山西方域の春日山・寺山・芝山などは、それらの溶岩により形成されている。第三期は最後の火山活動があった時期で、火砕流が堆積して玉手山《たまてやま》となった。第四期には二上山とその周辺地域は平坦となったが、約一〇〇〇万年前〜約四〇〇万年前までの地殻変動で徐々に隆起し、現在の山容になったとされる。

二上山の火山活動が原因となって生まれた西方域の山々、すなわち春日山・寺山・芝山・玉手山（いずれも大阪府）などを、二上層群と称する。先に言及した大坂山は、二上山を中心とした二上層群を指すとみてよい。

少し前に、箸墓古墳の北側に広がる「大池」の発掘調査にふれた。調査に先だち、池の水が抜かれたので、後円部北側の池底に多数の転石のあることが判明した。箸墓古墳の後円部上部に設けられた、竪穴式石室の石材である。

63　箸墓古墳西側の堤に立つ碑

『日本書紀』にみえる，大坂山の石を手遞傳《たごし》に運んだ歌を記す．

岩石学の研究者、奥田尚氏（奈良県立橿原考古学研究所所員）により、二上層群を形成する芝山（大阪府柏原市国分市場）に産出する火山岩であると鑑定された。芝山は大坂山に含まれるから、大坂山の石を箸墓まで運んだとする箸墓伝承は、史実を反映している。

奈良時代前期に至るまで、ほぼ四〇〇年余にわたり、時空を超えて大坂山の石が記憶されていた。まさに歴史の醍醐味と言ってよい。

芝山・春日山の石

奥田尚氏の岩石学に基づく研究は、考古学のみならず日本古代史の研究者にも、まことに興味深い。その後、奥田尚氏は『古代飛鳥「石」の謎』（学生社）を刊行された。箸墓古墳以外にも、次のような指摘がある。芝山の火山岩は、桜井茶臼山古墳（桜井市）・黒塚古墳・西殿塚《にしとのづか》古墳（天理市）、春日山（大阪府羽曳野市・太子町、奈良県香芝市）の火山岩は、メスリ山古墳（桜井市）・**中山大塚古墳**（天理市）の竪穴式石室の石材に用いられている。

こうしてみると、オオヤマト古墳集団（纏向・柳本・大和《おおやまと》古墳群の総称）では、**箸墓古墳**のみならず大和王権の王墓あるいはそれに準じる古墳の多くは、大坂山から竪穴式石室の石材を「手遞傳《たごし》」に運んでいたことになる。いずれも板状の石材であることから、竪穴式石室を構築する

64　中山大塚古墳と二上山

には最適のものであった。したがって、箸墓古墳にのみ限定された伝承ではなく、三世紀末~四世紀中葉の古墳の築造にも、大坂山の石材が一般的に用いられていた事実を反映しているとみるべきだろう。

三

オホビコの系譜

四道将軍

『古事記』や『日本書紀』に第十代とされる崇神天皇（ミマキイリヒコ）は、大和王権の初代王を意味する「ハツクニシラシシ天皇」とも称された。崇神朝の伝承には、大和王権の成立に結びつくものがいくつかある。ここでは四道将軍の一人、大彦命《おおびこのみこと》（『古事記』では大毗古命《おおびこのみこと》。以下、オホビコとする）を取り上げよう。

『日本書紀』によればオホビコを北陸、その子のタケヌナカハワケを東海、キビツヒコを西道《にしのみち》、タニハノミチヌシを丹波に、それぞれ将軍として派遣した（崇神十年九月条）。四道将軍という。

『古事記』では少し異なり、オホビコを高志《こし》の道、その子のタケヌナカハワケを東方十二道、ヒコイマス王を旦波《たには》（丹波）に遣わしたとする。北陸地方は高志（越）と称されていたから、オホビコの北陸への派遣伝承は、記紀ともに共通している。

タケヌナカハワケの派遣先、東海と東方十二道は、その対象域がやや異なる。東方十二道は東海と陸奥を含む。大和王権が現在の関東地方に勢力を伸長するようになるのは、五世紀代と想定されるので、東海道の駿河・甲斐・相模付近までの地域とみるべきだろう。

古代の丹波は、のちの丹後地域がむしろ中心だった。四世紀後半に丹後南部に蛭子山《えびすやま》一号墳（全長一四五メートル）、五世紀初頭前後になると、福田川河口に網野銚子山《あみのちょうしやま》古墳（全長一九八メートル）、竹野川《たかのがわ》河口に神明《しんめい》山《やま》古墳（全長二一〇メートル）が築造される。ともに日本海側最大の前方後円墳であり、四世紀前半にすでに強大な勢力が育ちつつあった。

『古事記』では三道への将軍派遣であるのに対し、『日本書紀』では、さらにキビツヒコを西道《にしのみち》に遣わしたとする。備前地域では、四世紀前半に浦間《うらま》茶臼山古墳、後半に金蔵山《かなくらやま》古墳が築造され（それぞれ全長一三八メートル、一六五メートルの前方後円墳）、強大な勢力の存在が推測されるところから、キビツヒコ派遣伝承が生まれたとみてよい。ちなみに、この後にキビツヒコとタケヌナカハワケは出雲へ派遣された（崇神六十年七月条）。

65　孝元天皇陵

崇神股肱の臣

記紀を比較すると『日本書紀』の伝承の方が、より新しく整ったものといえよう。もちろん史実とは見做《みな》しにくいが、大和王権成立の経緯を示す伝承として注目される。

オホビコは第八代の**孝元天皇**の皇子で、第十代の崇神天皇の時代に活躍したと伝える。以前にとりあげたモモソヒメも、第七代の孝霊天皇の皇女で、やはり崇神朝に伝承がみえている。

記紀には、歴代の天皇が亡くなった年齢（宝算《ほうさん》）を記す。『古事記』にみえる孝霊・孝元と第九代の開化の宝算は、それぞれ一〇六歳・五七歳・六三歳で、オホビコやモモソヒメが崇神朝に活躍したという伝承とは辻褄が合わない。

それは初代の神武天皇の即位年を、辛酉《しんゆう》革命説に基づいて紀元前六六〇年としたため、歴代の宝算が超高齢となった結果による。ちなみに『古事記』にみえる初代の神武天皇から第六代の孝安天皇までの宝算を示すと、神武（一三七歳）、綏靖（四五歳）、安寧（四九歳）、懿徳（四五歳）、孝昭（九三歳）、孝安（一二三歳）である。とりわけ応神天皇以前に、その傾向が著しい。むしろ記紀の原伝承では、モモソヒメは崇神の叔母、オホビコとタケヌナカハワケの父子は、崇神の股肱の臣と語られていたの

66 安倍文殊院 山門

67 安倍文殊院西古墳

だろう。

国史跡の安倍寺跡

『新撰姓氏録』によれば、オホビコを祖とする氏族として、阿倍朝臣《あそん》、布勢《ふせ》朝臣、高橋朝臣、若桜部《わかさくらべ》朝臣、膳《かしわで》臣などがみえ、大和を本拠とした有力氏族が多い。

阿倍朝臣と布勢朝臣は同族で、奈良県桜井市阿部《あべ》には安倍寺《あべでら》跡や、その後身である**安倍文殊院**がある。国史跡の安倍寺跡は、安倍文殊院の西南三〇〇メートルにあり、発掘調査の結果、七世紀中頃に建立された法隆寺式の伽藍配置であることが判明した。なお「アベ」の表記は、地名では「阿部」であるのに対し、寺名では「安倍」と表記する。

膳臣は橿原市膳夫《かしわで》を本拠とした氏族。後に、その本宗《ほんそう》は天理市櫟本《いちいもと》町付近を本拠としたらしく、天武朝に高橋朝臣の氏姓を賜った。ともに宮廷での食膳を掌った氏族である。

稲荷山鉄剣銘

昭和五十三年（一九七八）九月、埼玉県行田《ぎょうだ》市の稲荷山古墳（全長一一八・五メートルの前方後円墳）から出土した鉄剣に、金象嵌《ぞうがん》の一一五文字（表に五七文字、裏面に五八文字）の存在することが判明、「世紀の大発見」

68　稲荷山古墳（埼玉県行田市）

として報じられた。「辛亥《しんがい》年（四七一）七月中」で始まり、銘文の主人公であるヲワケ（乎獲居）臣《おみ》の八代の系譜と、ヲワケ臣が「ワカタケル（獲加多支鹵）大王（雄略天皇）」を助けて天下を佐治《さじ》した功績を記す。

　八代の系譜は「上祖」のオホビコから始まっており、まことに興味深い。銘文の発見が報じられた際、オホビコの実在が確定したとのコメントもあった。しかしそうではない。雄略朝にヲワケ臣の家では、オホビコを上祖とする系譜がすでに存在していたことが重要である。右にみたように、ミマキイリヒコ（崇神天皇）の時代に、オホビコが活躍したとの伝承があった。

　したがって当時、大王家では、王権の初代王を崇神と認識していたことが確実であり、また神々を祖としていないことも注意される。銘文が発見されて、ほぼ三五年。その価値はますます高まり、新しい分析視角での研究が待たれる。

四　ワニとワニ氏

オホビコの北陸征討

崇神朝に北陸征討を命じられたオホビコは、和珥《わに》坂の上で童女が歌う不思議な歌を耳にする。それを崇神天皇に報告したところ、崇神の叔母のモモソヒメは、タケハニヤスビコ（武埴安彦）と妻のアタヒメ（吾田媛）が謀反を企てていることを予言する歌、と読み解く（『日本書紀』崇神十年九月条）。

詳細は省略するが、崇神はオホビコに和珥氏の遠祖ヒコクニブク（彦国葺）を副《そ》えて山背《やましろ》に遣わし、謀反を鎮圧させた。それに先立ちオホビコらは、和珥の武鐰《たけすき》坂に忌瓮《いわいべ》をすえて、神マツリをしたと伝える。

『古事記』では少し異なり、オホビコは童女の歌を幣羅《へら》坂で聞き、丸《わ》邇《に》臣の祖のヒコクニブクと二人で、丸邇坂で忌瓮をすえて神マツリをしたとする。ともに和珥の武鐰坂、丸邇坂での神マツリを伝える。

69　和尒坐赤坂比古神社

なおワニという氏族名や地名は、和珥・和邇・和爾・和尒・丸邇・丸など、様々に表記されている。繁雑なので、以下の記述ではワニとしよう。

ワニ坂の伝承地は、奈良県天理市和爾町《わにちょう》に鎮座する**和尒坐赤坂比古《わにいますあかさかひこ》神社**（以下、赤坂比古神社とする）付近。『延喜式』の神名帳にみえる古社（大和国添上郡に記載）で、「ワニの地におられる赤坂比古神を祀る社《やしろ》」の意である。赤坂比古神とは、どのような神なのだろうか。

赤坂比古神社

『古事記』の応神天皇段に、「この蟹や　何処《いづく》の蟹　百伝《ももづた》ふ　角鹿《つぬが》の蟹」で始まる有名な歌謡がみえる。角鹿（福井県敦賀市）で捕らえられた蟹が、島々をへて琵琶湖の西を走る楽浪路《さざなみじ》へ。さらに山科の木幡《こはた》（京都府宇治市木幡）へ運ばれる様を歌う。そこで一転し、その木幡の道で応神天皇が出会ったワニ氏出身の矢河枝比売《やかはえひめ》の美しさを誉め称える。その箇所で、「櫟井《いちひゐ》の丸邇坂《わにさ》の土《に》」の詞章がみえる。

櫟井《いちひゐ》は、東大寺領櫟井《いちい》庄（櫟本《いちのもと》庄）があった天理市櫟本《いちのもと》の地。同町には、式内社の**和尒下《わにした》神社**があり、境内の一画に柿本朝臣人麻呂ゆかりの歌塚が立つ。目にした人もおられるだろう。

歌謡では、「櫟井の丸邇坂の土」について、ワニ坂の上層や下層の土

70　和尓下神社

ではなく、中層の土を強い火に当てずに作った眉墨《まゆずみ》で、黒々と尻下がりに眉を引いた矢河枝比売を歌う。ワニ坂の周辺に赤土（赤埴《あかはに》）の存在することは、和尓下神社の東方、東大寺山の南東麓にあたる所に、「赤土《あかんど》山《やま》古墳」と称する前方後円墳（全長一一〇メートル）が所在することでも推測されよう。ワニ坂の赤埴が神聖視され、和尓坐赤坂比古神社として祀られたとみてよい。

坂に沿った集落

ワニ坂の伝承地は、和尓坐赤坂比古神社から集落の中を西に下がる坂。不思議な地形である。奈良市虚空蔵町《こくぞうちょう》にある弘仁寺の南側から、西方へ緩やかに下る道を進むと、和爾集落に至る。ところが集落中程の和尓坐赤坂比古神社から、西に下る道はかなりの下り坂。逆に集落の西端から和尓坐赤坂比古神社へ登ってみると、急坂であることを実感する。集落自体が坂に沿って形成されているからだろう。

『古事記』や『日本書紀』では、オホビコらがタケハニヤスビコの謀反を平定するため山背に向かう際、ワニ（和爾）坂で神マツリをしたと伝える。しかし現在のワニ坂の伝承地は、東へ登る坂であり、山背に向かうには、やや問題を残す。和爾集落の周辺にあった坂を、広くワニ坂と称したとみると、東大寺山古墳の北端付近なども候補地としてよい。

71　櫟本高塚公園

先にふれた和尓下神社から東大寺山の西裾を巡って北端部を登れば、すぐ北に和爾集落を望む。眺望にも勝れ、奈良盆地の東北～北方域を一望できる。以下に述べるように、この地域では発掘調査の結果、六世紀後半の遺構や遺物が検出されており、まことに興味深い内容をもつ。現在、**櫟本高塚公園**《いちのもとたかつか》として整備されている場所は、ある時期、ワニ坂と称された可能性が大きいかと思われる。

櫟本高塚遺跡

昭和五十六年（一九八一）十二月、東大寺山北端部の竹林約一万五〇〇〇平方メートルを、宅地開発する計画がもちあがった。古墳時代前期の東大寺山古墳北方域に隣接する場所であり、遺跡の存在が予想されたため、試掘調査をへて同六〇年に本調査が実施された。その結果、六世紀後半の一・五メートル×〇・八メートルの小規模な掘立柱《ほったてばしら》建物と、それを取り囲む二重の柵列《さくれつ》（ともに南側は開口する）が検出され、その背後から破砕された土師器の高坏《たかつき》が十六個体出土した。検出された建物は余りにも小さく、住居とは考えられない。破砕された高坏の出土からみて、神社の初源的なものと見なしうる。

三輪山を神体山とする大神《おおみわ》神社は、今も本殿はない。春日大社春日若宮の「おん祭り」に際し、春日野に造営される御旅所のように、祭ごと

72　和爾集落（櫟本高塚公園から）

に仮殿を造って神を迎え、祭が終わると、それを撤去する事例もある。奈良時代になると、恒常的な社殿が造営されるようになり、神もそこに常住するとの観念が成立した。櫟本高塚遺跡で検出された小規模な建物は、そうした神社の初源的な形態と考えられ、まことに貴重である。**和爾集落**を北方に望む丘陵上に所在することから、六世紀後半代のワニ坂の候補地とみてよい。

地名が由来の氏の名

五、六世紀代、奈良盆地の南西部には葛城《かつらぎ》・蘇我・平群《へぐり》・巨勢《こせ》氏など、臣《おみ》の姓《かばね》をもつ有力な豪族が分布していた。いずれも武内宿禰《たけしうちのすくね》を祖と伝える氏族で、大和政権の最高執政官である大臣《おおおみ》を出し、葛城・蘇我氏出身で后妃となった女性も多い。

一方、奈良盆地東北部を拠点としたワニ（和爾）氏も、臣の姓をもつ豪族で后妃を輩出した。応神・反正・雄略・欽明・敏達天皇の妃となったことがみえる。

武内宿禰の後裔氏族の氏《うじ》の名は、いずれも地名に由来する。二上山の麓から金剛山東麓にかけての一帯が古代の葛城で、葛城氏の本拠氏であった。

もともと蘇我氏の本拠地は、曽我川中流域の蘇我の地（橿原市曽我町の

73　広大寺池

一帯）。六世紀前半に、畝傍山東南の軽《かる》の地（橿原市大軽町《おおがるちょう》・石川町の一帯）に拠点を移す。平群氏は平群谷（古代の平群郡）、巨勢氏は巨勢谷（古代の高市郡巨勢郷）を、それぞれ本拠とし、氏の名となった。

ワニの地は狭い範囲

ワニ氏については、私の恩師である岸俊男先生（京都大学文学部教授）に著名な論文「ワニ氏に関する基礎的考察」（『日本古代政治史研究』所収）がある。ワニ氏はワニの地を本拠としていたが（史料にワニ坂やワニ池がみえる）、六世紀中葉の欽明朝頃に春日の地に移って春日臣と改称、六世紀後半の敏達朝には、大宅《おおやけ》・粟田《あわた》・小野・柿本《かきのもと》・壱比韋《いちひい》臣に分化したとされている。

奈良市今市町・池田町に所在する**広大寺池**《こうだいじいけ》は、古代に築造された池の形態をよくとどめているので、和爾（ワニ）池の有力な候補地である。今でも岸説は揺るがない。ただワニ氏の名の由来については、別の考えもありうるかと思う。

ワニと称された地域は、ごく狭い範囲だった可能性がある。『古事記』や『日本書紀』には、仁徳朝にワニ池を造ったとみえるが、推古二十一年（六一三）にも、ワニ池や掖上《わきがみ》池・畝傍池を造った記事がある。記紀にみえる池溝《ちこう》開発記事には重複が多い。河内の狭山《さやま》池もその一つ。

『古事記』には垂仁朝に、『日本書紀』には崇神六十二年七月条に築造記事がみえる。しかし近年実施された狭山池北堤下層の発掘調査で、最下層から木樋（東樋）が出土し、年輪年代法による測定で推古二十四年（六一六）頃に造られたことが確定した。

狭山池の事例を踏まえると、ワニ池も推古朝に造営された可能性が大きい。ワニ氏が本拠を春日に移し、春日臣以下の諸氏に分化してのちのことだから、ワニ池はワニ氏の勢力範囲を決める手掛かりとはならないのでは、と思う。その勢力範囲は、天理市櫟本町からワニ坂に及ぶ狭い範囲であった。

漁撈や海運に従事

五世紀後半に部民《べみん》制が施行されたことを考えると、ワニ部を掌握した地方伴造《ばんぞう》（とものみやつこ）がワニ部臣を、さらに大和の中央伴造がワニ氏（ワニ臣）を称したと推定される。

同様の事例として、大伴氏や物部《もののべ》氏をあげうる。いずれも大伴部や物部を支配する中央伴造氏族であった。大伴氏は奈良盆地東南部から忍坂《おしさか》を本拠としたが、大伴の地名はない。物部氏も同様で、本拠とした石《いそ》上《かみ》神宮を中心とする一帯に、物部の地名はみえない。

ワニ氏の部民であるワニ部は、奈良盆地東北部から山城国宇治郡の

74　サメのタレ

巨椋《おぐら》池周辺、京都盆地東北部の山城国愛宕《おたぎ》郡、琵琶湖西岸の近江国滋賀郡、若狭国・越前国を結ぶ古道沿いに分布したことが判明している。

ワニ部の人々は、日本海沿岸や琵琶湖・巨椋池で漁撈や海運・水運に従事したり、魚や海産物・水産物を大和に運んだ。『古事記』応神段にみえる「角鹿《つぬが》の蟹」の歌は、ワニ部の人々によって若狭から大和のワニ坂まで運ばれた蟹を歌い、応神天皇の妃となったワニ氏出身の矢河枝比《やかはえひ》売《め》を讃える歌とされたのである。

ワニとワニザメ

『古事記』に、稲羽（因幡）の白兎《しろうさぎ》の説話がみえる。「海の和邇《わに》（以下、ワニとする）」に皮を剝がれて赤裸となった兎を、大国主神が助けた説話である。隠岐島から因幡（鳥取県東部）に渡ろうとした兎が、ワニを欺いて並ばせ、その背中を踏み、あと一歩というところで失敗、皮を剝がされてしまう。海のワニが、獰猛《どうもう》なワニ科の爬虫類（アリゲーター・クロコダイルなど）としたら、ワニが海にいるのはおかしい。実はワニはサメの古称。現在でも、山陰地方や和歌山県・高知県では、サメをワニと言う。関西ではフカ。山陰地方では、今でもワニを湯引きして食べる郷土料理がある。

古代では、海を支配する海神（ワタツミ神）を、巨大なワニ（サメ）と観念していた。したがってワニ部は、ワニ（サメ）を海神の使者として恐れ、また信仰する海民《かいみん》の呼称であった。

現在も伊勢神宮では、サメを神饌《しんせん》（神様の食事）として用いる。平城宮跡から出土する木簡には、三河三島《みしま》からサメの楚割《すやはり》（肉を切って細片とし、干したもの）を、御贄《みにえ》として貢進したものが数多くある。

三重県の伊勢市や鳥羽市では、魚屋・スーパーなどで、「サメのタレ」として楚割が売られている。まことに美味。酒の「当て（酒やビールのさかな。大阪ことば）」としても最高。一度、お試《ため》しあれ。

75　崇神天皇磯城瑞籬宮跡

五

初代大和王権の王宮

磯城瑞籬宮

以下では、初代王ミマキイリヒコ（崇神天皇、『古事記』『日本書紀』では第十代とされる）、イクメイリヒコ（第十一代の垂仁天皇）、オホタラシヒコ（第十二代の景行天皇）の宮をとりあげよう。

『日本書紀』の表記による、それぞれの王宮の名称は次の通り。カッコ内は『古事記』の表記。

崇神…磯城瑞籬宮《しきのみずがきのみや》（師木《しき》水垣宮）、垂仁…纏向珠城宮《まきむくのたまきのみや》（師木玉垣宮）、

景行…纏向日代宮《まきむくのひしろのみや》（纏向日代宮）。

ミマキイリヒコ（崇神）の王宮の所在地は、記紀ともに磯城の地と伝えている。シキ（磯城）の地名の由来はよくわからない。その範囲は、各種の史料や遺跡の分布からみて、初瀬川流域とみてよいだろう。

初瀬谷から流れ下る初瀬川（大和川本流）は、桜井市慈恩寺《じおんじ》付近で奈良

76　志貴御県坐神社

盆地に注ぎ込み、西北に向きを変えて流れる。右岸の三輪山山麓は、以前とりあげた瑞籬郷《みずがきごう》。初瀬川と巻向川とに挟まれた三角形地帯であり、現在に至るまで「死のケガレ」を避け、墓地は営まれていない（一部、例外はある）。王宮の名称は、瑞籬を巡らした宮、あるいは「水垣」の表現からみると、瑞籬郷の内にある宮の意とも解しうる。

磯城瑞籬宮は、金屋《かなや》の石仏（桜井市金屋）の近く、山辺《やまのべ》の道沿いに鎮座する**志貴御《しきのみ》県《あがた》坐《にいます》神社**の近傍とされ、境内に宮跡を示す石標が立てられている。もちろん近代のもの。その根拠とされたのは、享保二十一年（一七三六）に刊行された『大和志』の記述である。詳しくは、私が以前執筆した『桜井市史』歴史編を参照されたい（以下の王宮も同じ）。

纏向珠城宮

イクメイリヒコ（垂仁）の王宮の名称は記紀《きき》で異なり、シキとマキムクに分かれる。マキムクは、巻向川と穴師山から流れる鳥田川とに挟まれた範囲だろう。

渋谷向山《しぶたにむかいやま》古墳（景行陵）の南方約四〇〇メートルのところに、東西に延びる**珠城山《たまきやま》丘陵**がある。その西側に「**垂仁天皇纏向珠城宮跡**」の石標が立つ（同じく近代のもの）。

国道一六九号線にあるバス停「相撲神社口」のすぐ東のところ。十四

77　垂仁天皇纏向珠城宮跡

78　珠城山古墳群

世紀後半に著された『帝王編年記』に「纏向河北里の西の田中」と伝承されていたから、『日本書紀』の纏向珠城宮とするのがよい。

纏向日代宮

オホタラシヒコ（景行）の王宮は、記紀ともにマキムクの地と伝える。『古事記』雄略段に伝える歌謡にも、「纏向の日代宮は、朝日の日照る宮。夕日の日翔《がけ》る宮」と歌われており、後代まで語り継がれた王宮だった。往時の壮大さが偲《しの》ばれる。宮跡を示す石標は、穴師神社から西方へ下る道と山辺の道が交わる三叉路東側に立つ（近代のもの）。

その所在地については、渋谷向山古墳と珠城山丘陵とに挟まれた一帯かと考えている。まだ発掘調査のメスは加えられていないが、穴師山から西方へ下るなだらかな傾斜地で、大和国原《くにはら》を望む景勝の地。朝日・夕日の差す日当たりのよいところで、湧水にも恵まれている。

またその一画に、小字「ヒモロギ」が所在する。近年、石上神宮に奉仕されている白井伊佐牟《いさむ》氏により指摘された。神マツリの場所も所在したらしい。まことに注目すべき場所である。

何よりも重要と思われるのは、この地から見る三輪山の山容が素晴らしいことである。これまで三輪山の眺望点、その山容が最も美しく見える地点を求めて、歩きまわってきた個人的な印象では、渋谷向山古墳の

79　纒向遺跡

西南隅辺りと東南隅辺り。とりわけ渋谷向山古墳の東側から南へ降った所にある。中河与一氏（小説『天の夕顔』の作者）揮毫の歌碑のある辺りだと思う。

珠城山丘陵西北隅付近では、纒向遺跡のなかでも、とりわけ注目すべき区画溝が検出されている。また仄聞するところでは、かつて近くを流れる吉野川分水の工事中に、巨大な柱が出土したらしい。いつの日か、この一帯に、初期大和王権の王宮が発見されるのでは、と夢想している。

纒向遺跡

纒向遺跡は、ＪＲ巻向駅を中心とする南北約一・五キロ、東西約二キロの大遺跡。その年代は、三世紀初頭前後から四世紀中葉におよぶ。邪馬台国の有力な候補地の一つであり、初期大和王権の所在地として、全国的に注目されている。昭和四十六年、纒向小学校（桜井市東田《ひがいだ》）建設に先立って第一次調査が行われ、以来、一四〇次を超す調査が実施されている（平成二十五年一月段階では、一七六次に及んでいる）。桜井市埋蔵文化財センターで頒布されているハンディなマップ「巻向へ行こう」をもとに、纒向遺跡を簡単に紹介しよう。

三世紀初頭前後から、纒向石塚古墳やホケノ山古墳など、纒向型前方後円墳が築造され、後半に箸墓古墳が出現する（近年、箸墓古墳の築造年代を、三世紀中頃とする見解が有力となりつつある）。九州から関東に及ぶ各地の土器が搬入され、全体の一五％を占める。農耕具の出土は少なく、土木工事用の工具が圧倒的に多い。こうした特色は、すでに「都市的」要素をもつことを示し、初期大和王権の所在地たるにふさわしい。

珠城山丘陵に近い尾崎花地区（桜井市巻野内《まきのうち》）では、幅・深さともに二メートルの南北区画溝、その外側に土塁や柱列が検出されており（いずれも三世紀後半〜四世紀前半）、近くに隔絶された巨大な施設の存在を予測させる。

Ⅳ 伝説の地

80　大神神社　「巳さんの杉」

一　三輪山登拝

夢占の世界

『古事記』や『日本書紀』に、崇神天皇（ミマキイリヒコ）の時代のこととして、夢や夢占《ゆめうら》の話が何度かみえる。この時代に疫病が流行して、多くの人が死んだ。占ったところヤマトトトヒモモソヒメが神がかりして、大物主《おおものぬし》神を祀るように、との託宣があった。その通りにしたが、疫病の流行は止まない。それで崇神は斎戒沐浴《さいかいもくよく》し、大宮の内を浄めて、神に夢の中で教えてほしいと願う。

果たして夢のなかで、大物主神は「わが子の大田田根子《おおたたねこ》に、私を祀らせば疫病は止むだろう」と教える。伊勢麻績君《おみのきみ》ら三人も、同様の夢をみたと報告したので、崇神は大田田根子を探させ、茅渟県《ちぬのあがた》の陶邑《すえむら》（大阪府堺市中区上之《うえの》の陶荒田《すえあらた》神社を中心とした一帯）で発見、大物主神を祀らせたところ、疫病は終焉したという（『日本書紀』崇神七年条）。

81　大神神社の東鳥居

なお夢は、古代では「イメ」。「イ（寝）メ（眼）」の意で、眠っている間に魂《たま》が体内から抜けだし、見たさまざまのことが夢と考えられていた。夢占《ゆめうら》は、みた夢の内容で占う方法。それも右の事例のように、斎戒沐浴して身を浄め、神に祈ったうえで、みた夢が夢占の対象となった。

皇位の決定も

崇神は、子の豊城命《とよきのみこと》と活目尊《いくめのみこと》（のちの垂仁天皇）の何《いず》れを後継者とするか迷い、二人に夢をみさせて、その内容で決定しようとする。二人がみた夢は、ともに御諸《みもろ》山（三輪山）に登り頂上で、兄の豊城命は、東方に向かって矛と剣を八度突き出す夢を、弟の活目尊は、縄を四方に張って粟を啄《ついば》む雀を追い払う夢をみた。それで崇神は、豊城命に東国を統治させ、活目尊を後継者としたという（同四十八年正月条）。

人が夢に見る内容は、個人的な体験や潜在的な願望の表れであり、巨視的には時代の制約を色濃く受けている。現代に生きるわれわれは、現代という枠組みの中での夢しかみない。江戸時代の侍になったり、平安時代の女流歌人になった夢をみる人は稀だろう。中世の僧侶の日記を読むと、たびたび仏や菩薩を夢に見ている。仏教が大きな影響を与えていた時代の所産とみてよい。

三輪山の頂上を舞台とする兄弟の夢は、大和王権の王自らが三輪山祭

82　狭井神社　鳥居

祀に預かっていた事実を反映しているように思われる。

「お山する」魅力

機会があれば、ぜひとも三輪山に登ることをお勧めしたい。神の山である三輪山へ登り、道筋にある磐座《いわくら》や神杉、頂上に広がる奥津磐座《おきついわくら》を拝することを「お山する」「登拝」という。

大神《おおみわ》神社から、山辺の道を北へ二〇〇メートルほど進むと、摂社の**狭《さ》井《い》神社**がある。**本殿**のすぐ背後に、社名の由来である「狭井（薬井）」があり、古来、厚く信仰されてきた。狭井は「神聖な井戸・泉」の意。その水は「**御神水《ごしんすい》**」として、いつでも、誰でもいただける。柔らかなおいしい水。眼病にも効能あると聞く。

三輪山に登拝するには、まず狭井神社の社務所に申し出て、住所・氏名と入山時間を記入し、襷《たすき》をいただく。初穂料は一人三〇〇円。その際、貴重品と登山に必要なもの以外は、すべて社務所に預ける。カメラ・携帯電話を所持することは厳禁。社前でお祓いして入山する。

登拝ができないのは、正月一・二・三日と大祭などの祭典日（問い合わせは同社、電話〇七四四—四二—六六三三）。受付は午前九時から午後二時まで。午後四時までに下山する規則なので、往復二時間半を目途に入山する必要がある。頂上までの所要時間は、還暦を過ぎた私の足で約五〇

83　狭井神社　本殿

分ほど。入山すると、決められた道筋を歩く。迷うことはないが、最初は一度登拝した人に案内してもらうのがよいだろう。途中、急な坂があるので、雨が降った後の一両日は避けた方がよい。

三輪山の山中には確かに霊気がある。私の体験からしても、「お山」することで、不思議な活力が湧く。山辺の道を歩く折に、ぜひとも一度は「お山」されることを勧めたい。

84　狭井神社　御神水

85　当麻蹴速の塚とも伝える五輪塔

二　力人ケハヤ

野見宿禰と決闘

イクメイリヒコ（第十一代垂仁天皇）の時代のこととして、相撲の起源伝承がみえている（『日本書紀』垂仁七年七月七日条）。

大和国の当麻邑《たいまのむら》（奈良県葛城市当麻町）の力人《ちからびと》で、強力《ごうりき》を誇っていた**当麻蹶速《けはや》**（以下、ケハヤ）は、出雲国から召し出された**野見宿禰《のみのすくね》**と相撲を取り、肋骨《ろっこつ》を蹴り折られ、さらに腰を踏み折られて死んだ。ケハヤの所領は奪われ、野見宿禰に与えられたので、当麻邑には「腰折田《こしおれだ》」があると伝える。

相撲は「スマヒ」と言った。「争《すま》う」（負けまいとして争う、抵抗する意）という言葉に由来する。チカラビト（力人）は、強力の持ち主。チカラ（力）という語は、「血《ち》」と、イヘガラ（家柄）・ウガラ（族）など、血統の意の「カラ」が複合した語とされる。身体に関する日本語に

86　十二柱神社　野見宿禰碑

は短音が多い。気づいた例をあげると、イ（胆…胆嚢）、ケ（毛）、セ・ソ（背）、チ（血・乳）、テ（手）、ミ（身）、メ（目）など。

野見宿禰は土師《はじ》氏の祖先とされる伝承上の人物。土師氏は大王の喪葬《そうそう》儀礼を担当し、埴輪《はにわ》や土師器の製作に従事した。出雲出身とされたのは、大和からみて太陽の沈む西北西の彼方《かなた》に出雲が位置し、死後の世界である「黄泉《よも》つ国」に接すると観念されていたことによるのだろう。土師氏の職掌からの連想である。

埴輪の力士像

わが国における相撲の起源は、確実に古墳時代までさかのぼる。各地の古墳から、力士をかたどった埴輪が出土しているからだ。

紀ノ川左岸の平野部東端の岩橋《いわせ》山塊に、国の特別史跡・岩橋千塚古墳群（和歌山県岩橋）が広がる。前山地区に、井辺《いんべ》八幡山古墳（全長八八メートルの前方後円墳、六世紀初頭の築造）があり、その造り出し部から、武人埴輪・動物埴輪とともに、力士埴輪が出土した。褌《ふんどし》を締め頭には鉢巻きをし、両腕を前に伸ばして、相手に組み付くような姿勢をとる。

そのほか、須恵器の大型の壺の中ほどにツバ状の台を巡らせ、その上に人物や動物のミニチュアを張り付けた「装飾付《つき》須恵器」と呼ばれる土器があるが、その内に組み合う二人と、傍らに人が立つ姿がよくみられ

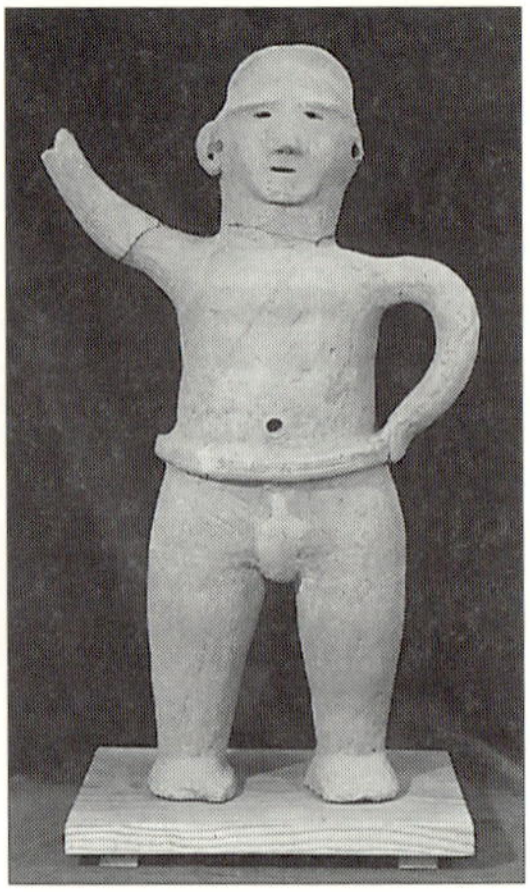

87　力士埴輪

88　十二柱神社　狛犬を支える力人

る。力士と行司を表現しているらしい。六世紀代のものが多い。

なお平成二十四年（二〇一二）三月に、松江市東津田町の石屋《いしや》古墳で出土した、五世紀中頃の人物埴輪群の内に二人の**力士埴輪**があり、大きな腹部や褌《ふんどし》、刺《とげ》状の武器を装着した足首などを表現しており、全国的に注目された。

敗者を悼む塚

ケハヤと野見宿禰による相撲の記事は、『日本書紀』の垂仁七年七月七日条にみえ、注意される。七月七日は節日で、奈良時代には相撲《すまい》の節《せち》会《え》が行われた。したがって右の記事は、相撲節会の起源伝承とみてよい。

奈良市教育委員会により実施された、平城京左京二条二坊十二坪の発掘調査で、離宮あるいは宮外官衙《かんが》の可能性のある建物群が検出され、「相撲」「左相撲」「相撲所」と記す墨書土器が出土した。相撲の節会に関わる遺構だろう。

二上山を間近に仰ぐ香芝市《かしばし》良福寺に、千股《ちまた》池がある。そのすぐ北方が、ケハヤゆかりの「腰折田」の伝承地。また近鉄南大阪線当麻寺駅の西方に、ケハヤの塚と伝える五輪塔が立つ。鎌倉時代のものらしい。当時なお、ケハヤを悼《いた》む人々がいたのだろう。その東側に平成二年（一九九〇）、**当麻町相撲館**（けはや座）が開設された。

89　当麻町相撲館（けはや座）

いつの時代にも、敗れ去った者に哀惜の情を注ぐ人がいる。後世に伝えるべき美徳であろう。

三

常世幻想——橘をめぐって——

90 橘 寺

非時の木の実

橘（学名はタチバナ）の実を、眼にされたことはありますか。五月初めに白い小さな花が咲き、芳香を放つ。冬になると、親指の先ほどの実がなる。緑の葉陰に黄金色の実が揺れ、眼に鮮やか。

社頭で、桜と橘をよく見かける。紫宸殿《ししんでん》の正面階段前に植えられた、左近《さこん》の桜と右近《うこん》の橘に倣《なら》ったもの。私の見知っている範囲では、誉田八《こんだはち》幡宮《まんぐう》（大阪府羽曳野市）の社頭の橘が大きい。また近鉄吉野線飛鳥駅にも橘がある。改札口を出て、すぐ左の所（残念ながら、今はない）。余談であるが、この駅はかつて橘寺駅と言った。**橘寺**に向かう最寄りの駅だったことによる。飛鳥保存の気運が高まった昭和四十五年（一九七〇）八月一日に、橘寺駅は飛鳥駅と改称された。時の総理大臣、佐藤栄作氏の一行が明日香村を訪れた直後のことである。

91　垂仁天皇陵

第十一代の垂仁天皇（イクメイリヒコ）は、晩年、田道間守《たじまもり》を常世《とこよ》の国に遣わし、非時《ときじく》の香《かぐ》の木実《このみ》を求めさせたという。非時の香の木実とは、いつまでも（冬から夏まで）枝についている、香わしい木の実の意。『日本書紀』では、それを橘と注記している。田道間守が香の木実を持ち帰ると、天皇はすでに亡くなっていた。田道間守は御陵に赴き、香の木実を陵前に供え、泣き叫びながら復命して、息絶えたという。哀切な伝承である。

近鉄橿原線尼ヶ辻《あまがつじ》駅の西側に、巨大な前方後円墳（全長二二六メートル。四世紀後半の築造）、宝来山《ほうらいやま》古墳があって、**垂仁天皇陵**に治定《じじょう》されている。緑樹に覆われた古墳と空の青、満々と水をたたえた周濠に映る墳丘、いつ見ても美しい（近年、鷺が多数、緑樹に居着き、景観を阻害している）。周濠の南東隅は少し張り出しており、そこに小さな島がある。それを田道間守の墓と伝えている。

田道間守の墓

垂仁天皇陵とされる宝来山《ほうらいやま》古墳は、平安初期に成った『日本霊異記』に「活目陵《いくめのみささぎ》」とみえ、イクメイリヒコの名を伝えていて興味深い。すぐ北側の奈良市菅原町の一帯は、土師《はじ》氏の本拠地の一つで、菅原東遺跡がある。幕末の文久年間（一八六一〜六四）に行なわれた修陵に際し、周

92　田道間守墓とされる小島

濠の東南部が拡張された。鶴澤探真の『文久山陵図』で確認することができ、拡張部分を明示するため杭列を描いている。したがって、その部分に小島が築かれたのは、明治以降のこと。田道間守の墓とする伝承は、近代になって生まれたのである。

浦島伝承に発展

トコヨは、もともと常夜だったらしい。永遠の闇の世界である。ところが黒潮や対馬暖流の洗う島々、海辺の地域では、次第に他界（死後の世界）を海の彼方に、あるいは陽光が差し込んで緑色に輝く海の底——沖縄では「青《おー》の世界」と言う——に考えるようになった。

日本の古代には、常世に関わる伝承が多い。オオナムチ神と共に国造りをしたスクナヒコナ神は常世に渡り、また神武天皇の兄のミケイリ命は、熊野の海で波の秀《ほ》を踏み、常世に行ったという。

常世へ渡り、また郷里に戻った水江浦嶋子《みずのえのうらしまこ》の伝承は、『日本書紀』雄略天皇二十二年七月条、『丹後国風土記』逸文、『万葉集』（巻九—一七四〇・四一）にみえ、人口《じんこう》に膾炙《かいしゃ》する。中世の『御伽草子』では、「浦嶋子」を「浦嶋の子」の意と解し、浦島太郎の物語とされ、常世は竜宮城、玉櫛笥《たまくしげ》は玉手箱と変えられた。

93 タチバナ

黒潮のかなた

古代の人々は、黒潮や対馬暖流の彼方に、永遠に若さが保たれる常世《とこよ》を幻視した。その背景には、異国のいろいろな物が潮流に運ばれて漂着することに起因するのだろう。松岡國男（柳田國男）が、伊良湖《いらこ》崎の浜辺でココヤシの実を拾ったことから、島崎藤村の詩「椰子《やし》の実」が生まれたことは、よく知られている。

常世と月には、飲めば若返り出来るという水、変若水《をちみづ》があると考えられていた。古代中国の不老不死とは異なる。永遠に若さを保つことが出来る所、それが常世だったのである。玉櫛笥（玉手箱）を開けると、白い煙が常世の方《かた》へ流れ、水江浦嶋子（浦島太郎）は瞬時にして老人になったという。その内に籠められていたのは、生命力や「若さ」だった。

大伴家持は、タチバナを「常世物《とこよもの》」と歌っている（巻一八―四〇六三）。田道間守の伝承をふまえた歌である。橘は聖樹と観念されていた。和銅元年（七〇八）十一月二十五日に、元明天皇が県犬養三千代《あがたのいぬかいのみちよ》に橘宿禰の姓を与えた際の詔《みことのり》には、タチバナを聖樹とする観念がみられる。

国の天然記念物に指定されているタチバナの自生地や、古代の史料にみえる立花郷・橘樹郷の地名、現在の橘湾・橘町の地名なども、黒潮や対馬暖流の流れる一帯に分布している。そうしたところから、常世に非《とき》時《じく》の香《かぐ》の木《こ》の実があり、タチバナを常世物とする観念が生じたのだろう。

四

佐紀楯列古墳群

94　佐紀楯列古墳群

盆地北辺の古墳

奈良県と京都府の境に奈良山丘陵が広がる。その南麓に、四世紀後半～五世紀中葉に築造された、全長二〇〇メートルを超える巨大前方後円墳が点在している。佐紀《さき》楯列《たてなみ》古墳群という。

奈良盆地から奈良山丘陵を望むと、巨大な前方後円墳が、あたかも盾を伏せたように見えることに由来する。命名者は、日本考古学の父とも言うべき浜田耕作（一八八一～一九三八年。岸和田市出身。青陵《せいりょう》と号す）。なお以下の記述は、古代史研究の立場から考古学研究の成果に学んだものであり、私の理解する範囲内に留まる。

佐紀楯列古墳群は、東西の二つのグループに分

95　称徳（孝謙）天皇陵古墳

類される。西方グループに属するのは、**佐紀陵山《みささぎやま》古墳**（日葉酢媛《ひばすひめ》陵）、石塚山古墳（成務天皇陵）、五社神《ごさし》古墳（神功皇后陵）、**称徳（孝謙）天皇陵古墳**（全長一二七メートル）などで、四世紀後半の築造とされる。前回、取り上げた宝来山古墳（垂仁天皇陵）は、やや南方に離れるが、このグループに含められることが多い。東方グループは、水上池《みなかみいけ》の周辺に所在するもので、ヒシャゲ古墳（磐之媛《いわのひめ》陵）、ウワナベ古墳、コナベ古墳、市庭《いちにわ》古墳（後円部のみが残り、平安時代初頭の平城天皇陵とされるが、古墳時代のもの）など。五世紀前半～中葉の築造と推測されている。

被葬者名と矛盾

右にあげた古墳名は、現地での呼称に基づく。（　）内は、宮内庁による正式呼称を簡略化したもの。たとえば成務天皇陵と表記すると、成務天皇が葬られているかのような印象を与えてしまう。それで近年の考古学研究では、古墳名を現地での呼称に基づき表記するようになった。被葬者については、考古学や古代史学の研究に委ねられる。

こうして列挙すると、正式呼称には問題の多いことが一目瞭然である。四世紀後半～五世紀中葉の前方後円墳が、奈良時代の称徳（孝謙）天皇陵や、平安初期の**平城天皇陵**とされているからである。また陵墓参考地であるウワナベ古墳とコナベ古墳は、近世には、それぞれ奈良時代の元

96　垂仁天皇皇后　日葉酢媛陵

明・元正天皇陵とされていた。

埴輪の起源伝承は、西方グループの佐紀陵山古墳、すなわち第十一代の垂仁天皇皇后の日葉酢媛の墓に関わってみえる。『日本書紀』によれば、垂仁二十八年十月、天皇の同母弟である倭彦王《やまとひこおう》が亡くなり、畝傍山の南方、身狭《むさ》の桃花鳥坂《つきさか》（橿原市鳥屋町《とりやちょう》付近）に葬られた。その際、近習たちを墓域の廻りに生きながら埋めたため、目も当てられない悲惨な状況となったという。日本の古代に殉死の風習のあったことは、大化二年（六四六）二月の「大化の薄葬令《はくそうれい》」や、『播磨国風土記』の餝磨《しかま》郡胎和《いわの》里《さと》条などにみえている。

人物埴輪は五世紀

さて埴輪の起源伝承であるが、垂仁三十二年七月に皇后の日葉酢媛が亡くなった。殉死が無惨《むざん》であることを知った垂仁天皇は、それに代える方策を臣下に問う。当麻蹶速《けはや》と力競べをして勝利した野見宿禰《のみのすくね》は、出身地の出雲から百人の土部《はじべ》を呼び寄せ、埴土《はにつち》（土器造りに適した土）で人や馬、そのほか種々の物を作らせて天皇に献じ、生きた人に代えて「土《はに》物《もの》」を陵墓に立てることを進言したのである。これが採用されることになり、初めて土物を日葉酢媛の墓に立てた。それで、その土物を「埴輪」あるいは「立物《たてもの》」と名付けたという。

97　家形埴輪

この伝承では、人に代えた土物、すなわち人物埴輪の起源を語っていて、よく知られている。しかし近年の埴輪研究では、この伝承は否定されている。

埴輪で最も早くに出現したのは、円筒埴輪や高坏《たかつき》埴輪。次いで四世紀になると、蓋《きぬがさ》（貴人に差しかける長柄の笠）・盾・**家形埴輪**を、墳丘に樹立するようになった。動物埴輪では、水鳥や鶏などの埴輪が古い。五世紀になって、馬形埴輪や「盾持ち人」（人物と盾とを一体化して表現）の埴輪が出現し、中葉になって初めて人物埴輪が出現する。

したがって右にみた、人に代えて土物（人物埴輪）を作ったという伝承は、史実でないことが明らかである。

四腹の土師氏

野見宿禰を祖とする土師氏は、大和の秋篠・菅原（ともに奈良市）、河内の道明寺（藤井寺市）、和泉の百舌鳥《もず》（堺市）を、それぞれ本拠とする四系統（四腹）に分かれたとされる。しかし逆だと思う。各地で埴輪や土師器を作り、王・大王の喪葬儀礼に従事していた集団が、のちに共通の祖として、野見宿禰なる人物を語り出したのである。

日葉酢媛を葬った佐紀陵山古墳は佐紀楯列古墳群に属するから、秋篠を拠点とした土師氏（のちに秋篠朝臣）が、埴輪の起源伝承を語り伝えたのだろう。同氏から平安初期の大学者、秋篠朝臣安人《あきしののあそんやすひと》が出た。菅原の土師氏はのちに菅原朝臣と改姓、同氏出身の悲劇の宰相が菅原道真である。

98　津堂城山古墳

五

ヤマトタケルの墓

古事記にない記述

倭建命《やまとたけるのみこと》（日本武尊。以下、ヤマトタケル）の物語、とりわけ東国征討の伝承は、悲劇的な彩りを帯び、現代に生きる人々の琴線にも触《ふ》れるところがある。ヤマトタケルは第十二代景行天皇の皇子。東国を平定して大和への帰路、伊吹山の神を侮《あなど》ったため、その怒りにふれて病み、伊勢の能煩野《のぼの》（能褒野。以下、ノボノ）で病み伏す。その折に歌った国偲《くにしの》びの歌、「倭《やまと》は　国のまほろば　たたなづく　青垣　山隠《やまごも》れる　倭し　美《うるは》し」は哀切である。ヤマトタケルの死後、その魂は白鳥となって天翔《あまがけ》ったという。幻想的な伝承である。

『古事記』によれば、ノボノで亡くなったヤマトタケルの魂は白鳥となり、河内の志幾《しき》（河内国志紀郡。藤井寺市の一帯）に留まった。それで御陵を作って鎮まらせたので、白鳥の御陵と称した。しかしまた、その地

99　古市の白鳥陵

から天翔ったという。

一方、『日本書紀』では少し異なる。能褒野《のぼの》を飛び立った白鳥は、まず大和の琴弾原《ことひきはら》に留まったので、そこに陵を造った。ところが白鳥は、また飛び立って河内の舊市邑《ふるいちむら》（羽曳野市古市）に留まったので、そこでも陵を作った。その後、高く翔《と》んで天に上《のぼ》ったという。

峯ヶ塚古墳に注目

『古事記』『日本書紀』の白鳥伝承を比較すると、大きく相違する所がある。河内の白鳥陵の所在地が、志紀郡と古市郡の舊市邑の二ヵ所に伝えられており、また『日本書紀』では、大和の琴弾原にも白鳥陵を伝えていたことである。

ヤマトタケル伝承は、六世紀中葉にまとめられた「原《げん》」帝紀に、すでに素朴な物語として含まれていたらしい。五世紀〜六世紀中葉に築造された巨大な前方後円墳で、白鳥などの候鳥《こうちょう》（渡り鳥）の憩う周濠があったり、水鳥形埴輪が樹立されている古墳などが、伝承の舞台となった可能性が大きい。

河内の志幾の白鳥陵の候補地は、**津堂城山《つどうしろやま》古墳**（藤井寺市）が最もふさわしい。五世紀初頭前後に築造された、全長二〇八メートルの巨大前方後円墳。昭和五十八年（一九八三）に周濠内から、方墳状の特異な施

100　白鳥神社

設と三基の巨大な水鳥形埴輪が検出された。埴輪は造形的にも素晴らしいもの。

古市郡舊市邑の白鳥陵の所在地はどこか、解明するのは難しい。現在、近鉄南大阪線古市駅の西南に所在する前の山古墳（軽里大塚古墳《かるさとおおつか》）が白鳥陵とされている。周濠の巡る緑の墳丘が美しい。しかし前の山古墳が白鳥陵に治定《じじょう》されたのは、明治十三年（一八八〇）十二月のこと。それまでは近鉄南大阪線古市駅東側の**白鳥神社**とされていた。それも寛永年間（一七世紀前半）に、峯ヶ塚古墳西側の「伊岐谷《いきだに》」から移されたもので、同社の扁額にも「伊岐宮」と記す。

私見では、古代の舊市邑の白鳥陵は峯ヶ塚古墳だったのでは、と考えている。昭和六十二〜平成二年（一九八七〜九二）の発掘調査により、二重の周濠を含めると全長一六八メートルにも及ぶ前方後円墳で、豪華な副葬品が大量に出土しており、六世紀初頭前後の大王陵に匹敵する古墳と推定されていることに基づく。

掖上鑵子塚の存在

大和の白鳥陵はどこに伝承されていたのだろうか。手がかりとなるのは琴弾原。『日本書紀』には、別に大和の琴引坂《ことひきさか》がみえ（允恭天皇四十二年十一月条）、ほぼ同一場所を指すとみてよい。允恭天皇が亡くなった際、

101　畝傍山遠景

新羅から遣わされた弔使らが、耳成山や畝傍山に近い所で営まれた允恭天皇の殯宮《もがりのみや》を弔問。その後、難波津に向かう途中、弔使が琴引坂で耳成山や**畝傍山**を返り見て、「うねめ（采女《うねめ》）はや、みみはや（私の愛《め》でたウネビやミミはどうしたのだろう）」という言葉を洩らしたため、事件が起きた。弔使は畝傍山や耳成山を讃えたのであるが、倭国の言葉に習熟していなかったので、「うねめ」や「みみ」と発音し、誤解を招いたのであった。畝傍山付近から河内に至る途中でのことである。

『大和志』などの近世の地誌では、琴引坂を国見山《くにみやま》（標高二二九・四メートル。御所市）西北麓の小字「須坂」（御所市柏原《かしわら》）に比定している。近くに掖上鑵子塚《わきがみかんすづか》古墳があり、大和の白鳥陵の有力な候補地とみてよい。五世紀中頃に築造された全長約一五〇メートルの前方後円墳。安政元年（一八五四）に刊行された平塚瓢齋《ひょうさい》の『聖蹟図志《せいせきずし》』でも、白鳥陵とする。現地に立つと、周濠の痕跡がよく残っている。かつて東側の造り出し部から水鳥形の埴輪が出土したので、白鳥陵としての条件を十分に備えている。

御所市富田の白鳥陵

かなり以前のこと、宮内庁書陵部や近鉄奈良駅近くにあった奈良県立図書館に通い、近世や明治前期の陵墓関係の書類を集中して読んだ。そ

102　日本武尊琴弾原白鳥陵

の折の手控えから、治定《じじょう》の経緯を記そう。明治九年（一八七六）五月十二日、大和国葛城郡富田《とみた》村の小字「権現山」（「天王山」とも）が、大和の**白鳥陵**に治定された。同十五年七月二十一日に、同村のF氏が隣接する小字「北浦」の所有地八畝《せ》余を、白鳥陵へ献納することを申し出る。同十九年七月三十日、宮内大臣伯爵伊藤博文から大阪府に対し（当時、奈良県は大阪府下であった）、「奇特のこととして特別に詮議し、兆域に加えるよう」指令が出されている。地券や兆域実測図も添付されていた。懐かしい思い出である。

V

神々の空間

103　角刺神社

一

倭の屯倉

四世紀に設置

第十二代の景行天皇（オシロワケ）の時代に、倭《やまと》（のちの大和国）の屯倉《みやけ》（屯家）を定め、また坂手池《さかていけ》を作って、その堤に竹を植えたという（『古事記』）。『日本書紀』にも、坂手池を作り、その堤の上に竹を植え、また諸国に田部《たべ》と屯倉を興したとみえる（景行五十七年九月・五十八年十月条）。

屯倉（三宅・御宅とも表記）は、大和王権の王・大王や王族が各地に置いた所領。水田（屯田《みた》）、耕作する人々（田部）、収穫した稲を保管する倉、管理・運用の拠点となる公的建物などから成る。ミヤケ（御宅）は、もともと公的建物を指すが、全体を包摂して屯倉とも言う。

数ある屯倉のなかでも、最も古い時期（おそらく四世紀前半）に設置され、大和王権の王の所領であったのが、倭《やまと》の屯倉と屯田《みた》であった。その由来を示す伝承が、『日本書紀』の仁徳即位前紀にみえている。

104　三宅の原　万葉集歌碑

応神天皇（ホムダワケ）の没後、皇子のオホサザキ（のちの仁徳天皇）と異母弟の菟道稚郎子《うじのわきいらつこ》が皇位を譲り合い、後継者は容易に決定しなかった。その折、やはり母を異にする額田大中彦《ぬかたのおおなかつひこ》が、倭の屯倉と屯田を領有しようとして、屯田司であった出雲臣の祖、淤宇宿禰《おうのすくね》に対し、「この屯田は、もともと山守《やまもり》の治めるものだから、自分が治める」と言い放った。

額田大中彦の同母の兄がオホヤマモリ（大山守）。応神朝には、オホサザキ・菟道稚郎子と共に政務を分掌し、山野河海の支配を委ねられた人物だった。山守はオホヤマモリの支配下にあったから、額田大中彦は兄のオホヤマモリを即位させるため、こうした行動に出たものと思われる。

「三宅」町に名残る

その後の経緯は省略するが、倭国造《やまとのくにのみやつこ》麻呂《まろ》の弟の吾子籠《あごこ》が、倭の屯田の由来を知っていた。それによると、垂仁天皇は太子のオシロワケに命じて倭の屯田を定めさせ、「倭の屯田は天皇の所領で、皇子であっても即位しなければ領有できない」と伝えたという。そのため額田大中彦の主張は退けられた。

倭の屯田の由来は、最初に掲げた伝承とほぼ対応している。倭の屯田を、より具体的に言えば、収穫された米は供御の食料、すなわち炊《かし》いで天皇の食事に、また酒を醸《かも》して供されたのである。倭の屯田は後代に伝えられ、奈良時代には大和国の官田《かんでん》(屯田)三十町に含まれていた。天平二年(七三〇)の「大倭国正税帳《やまとのくにしょうぜいちょう》」によれば、屯田は城下郡《しきげ》と十市郡《とおいち》に所在した。

奈良県磯城郡三宅町《みやけちょう》・川西町は旧式下郡で、古代の城下郡三宅郷。『万葉集』にも、「**三宅の原**」や「三宅道《みやけぢ》」が歌われている(巻十三―三二九五・三二九六)。十市郡の屯田の所在地は未詳であるが、微《かす》かな手がかりはある。十市郡の範囲は、田原本町域から香具山にかけての一帯であった。また冒頭の『古事記』の伝承によれば、倭の屯倉と坂手池は密接に結びついていたらしい。坂手池の水が倭の屯倉の屯田に供されたと理解される。

坂手池の所在地

坂手池《さかていけ》はどこにあったのだろうか。すぐに思いつくのは、田原本町阪手の阪手池・阪手新池・阪手二丁池《にちょういけ》。しかしいずれも条里制地割りに基づいた池なので、近世に掘削されたものだろう。私は田原本町の旧町出身。家から近かったので、阪手池付近は散歩の範囲内であった。

『万葉集』に、吉野宮行幸に従駕した際の歌がみえ、平城京から、穂積、坂手、飛鳥の神名火山《かんなびやま》をへて、吉野宮に至っている(巻十三―三二三〇)。明らかに中ツ道を南下しているので、下ツ道に近い田原本町阪手

105　島の山古墳

ではないだろう。以前、『田原本町史』で言及したように、坂手池は中ツ道に沿った橿原市東竹田町付近に想定しうる。寺川の左岸に式内社の竹田神社が鎮座し、竹田川辺連の本拠地。同氏は竹と結びつく伝承を伝え（『新撰姓氏録』左京神別下）、坂手池の堤に竹を植えたこととも結びつく。

すぐ西側の橿原市中町《なかちょう》には、式内社の坂門《さかと》神社があり、坂門と坂手の地名は近似する。近くの「中池」も古い池の面影を残す。また東竹田町のやや北方、桜井市江《え》包《つつみ》には、中世に出雲庄があって、倭《やまと》の屯田《みた》の由来を伝えた出雲の淤宇宿禰《おうのすくね》との関わりも指摘されている。

以上のことから、当初の倭の屯倉は、橿原市東竹田町付近から桜井市江包、三宅町にも及ぶ、広大な範囲だったのでは、と考えている。

島の山古墳

寺川左岸の磯城郡川西町唐院《とういん》に、五世紀初葉に築造された全長一九〇メートルの前方後円墳、**島の山古墳**がある。周濠を巡らせた精美な古墳。明治初期の盗掘で、後円部の竪穴式石室が破壊された。石室の天井石と覚しき石材（兵庫県高砂市の竜山石《たつやまいし》）が、西北に近接する式内社、比賣久《ひめく》波《わ》神社の境内にある。一九九七年（平成十一）に実施された前方部の発掘調査で、多数の鍬形石《くわがたいし》・車輪石《しゃりんせき》・石釧《いしくしろ》が出土したことは記憶に新しい。

島の山古墳の所在地は古代の城下郡《しきげぐん》三宅郷。すぐ東方に寺川が流れ、寺川はすぐ下流で大和川と合流し、大和川水運の利用に至便の所。そうしたことを踏まえると、島の山古墳の被葬者は倭の屯倉の経営・管理に当たっていた王族を想定できるのでは、と考える。

106　葛木御県神社

二

倭の「六の御県」

式内社の存在

日本語の助数詞（数え方）は難しい。物の数え方は、細長いものは「〜本」、薄いものは「〜枚」、それ以外は「〜つ」「〜個」。しかし例外は沢山あって、たとえば椅子は「〜脚」、箪笥《たんす》は「〜棹《さお》」。生物の数え方は、鳥は「〜羽」、動物・魚は「〜匹」。しかしカニやイカは「〜杯」、ウサギは「〜匹」のほか「〜羽」とも数える。人間は「〜人・〜名」。神々は「〜柱」「〜座」と数える。日本の基層信仰では、神は巨木に降臨すると観念されていたから「〜柱」。また神社内の祠《ほこら》に納められた形代《かたしろ》（鏡や石など）にも、神は依りつくと観念されてきた。それで「〜座《ざ》」と数える。神に関わる助数詞にも古代以来の信仰が反映しており、まことに興味深い。

大和や伊勢・近江・出雲に神社が多い。それも古代に式内社《しきな(だ)いしゃ》とされた

107　十市御県神社

神社が数多くある。式内社とは、『延喜式』の巻九・十（神名帳《じんみょうちょう》という）に記載された、祈年祭《きねんさい》に際して神祇官《じんぎかん》から奉幣《ほうへい》を受ける神社。延喜式内社ともいう。

祈年祭《きねんさい》（としごひのまつり）は、その年の穀物、とりわけ稲が豊穣であることを祈願して、仲春（二月）四日に宮中で行なわれた律令国家最大の祭祀。全国の著名な神々に対し、神祇官から奉幣《ほうへい》（幣《ぬさ》を奉る）を行なった。奉幣を受ける神は三一三二座にも及ぶ。一社に一座の場合が多いが、数座の神を祭る大社もあった。

県主が祭祀

式内社は広く尊崇された神社であり、その地域の信仰や歴史を考える際、最も有力な手がかりとなる。『延喜式』は十世紀前半に編纂された法令集であるが、例えば天平五年（七三三）の『出雲国風土記』にみえる官社の数と、延喜式神名帳にみえる式内社のそれは、ほぼ同じ。したがって式内社の大半は、奈良時代にすでに鎮座していたとみてよい。

大和王権と密接に結びついていた式内社、御県《みあがた》神社を取り上げよう。前項の倭《やまと》の屯家《みやけ》と同様、四世紀前半に近畿地方とその周辺に設置された王権の直轄地、県《あがた》で祀られた神社である。県主《あがたぬし》が県の神の祭祀にあたり、県主の姉妹や娘は王・大王のもとへ采女《うねめ》として貢上され、また県か

108　志貴御県神社

ら王宮へ疏菜や食料品、薪炭・氷などが貢進された。

とりわけ大和では、高市《たけち》・葛木《かつらぎ》（正しくは「かづらき」）・十市《とおち》・志貴《しき》（磯城）・山辺《やまべ》・曾布《そふ》（添）の六つの県が「六《むつ》の御県」と称されて、七世紀後半に至っても残存していた。史料には、ほかにも春日県や久米《くめ》御県がみえている。七世紀後半の天武朝に成立した「祈年祭の祝詞」をみると、かつての六の御県に当たる地域から、甘菜《あまな》・辛菜《からな》を宮廷に貢進する風習が残っていたようである。

古墳とセットも

六の御県神社の所在地は次の通り。高市御県神社…橿原市四条町、**葛木御県神社**…葛城市新庄町葛木、十市御県神社…橿原市十市《とおいち》町、**志貴御県神社**…桜井市金屋《かなや》、山辺御県神社…天理市西井戸堂町《にしいとんどうちょう》・同市別所町、添御県神社…奈良市歌姫町・同市三碓《みつがらす》町。山辺御県神社と添御県神社については、現在、二ヵ所に神社がある。

高市・十市・葛木の御県神社は、いずれも平地部にあって問題はない。葛木御県神社近くの屋敷山公園に、屋敷山古墳（全長一三五メートルの前方後円墳。五世紀代の築造）があって、葛城氏の本拠地にも近い。

注目されるのは高市御県神社。橿原市今井町の「今井町まちなみ文化センター華甍《はないらか》」の南側に鎮座し、今でも二十年に一度、式年遷宮が行

109　神武天皇陵

なわれている。六七二年の壬申の乱に際し、高市郡の郡大領（郡の長官）であった高市県主許梅《こめ》が神がかりし、**神武天皇陵**に奉幣するよう、託宣した。

奈良県立橿原考古学研究所の今尾文昭氏の研究によれば、古代の神武陵は四条塚山古墳（現在の綏靖天皇陵）であった可能性が大きい。高市御県神社のすぐ南側に、神武陵が伝承されていたのである。

三

都祁の「休ん場」

神体山と葛神

奈良盆地の東に広がる大和高原を、東部山間地域あるいは東山中《ひがしさんちゅう》と呼ぶ。かつての山辺郡都祁《つげ》村（二〇〇五年四月に奈良市と合併。奈良市都祁）と、天理市福住町《ふくずみちょう》を中心とした一帯は、東部山間地域に含まれ、大化前代には闘鶏《つげ》国があり、闘鶏国造が支配していた。

都祁地域でも、都祁南之庄《みなみのしょう》町一帯は、布目川《ぬのめがわ》沿いに沖積平野が広がり、都介野《つげの》盆地と称される。盆地周辺の丘陵上に百数十基の古墳の存在が確認されており、その大半は径四〇メートル以下の小円墳。唯一の例外が**三陵墓《さんりょうぼ》東古墳**で、発掘調査の結果、五世紀後半に築造された全長一一〇メートルの前方後円墳であることが確認された。

允恭《いんぎょう》天皇の皇后、忍坂大中姫《おしさかおおなかつひめ》がまだ少女だった頃、飛鳥から都祁へ戻る途中の闘鶏国造《つげのこくぞう》にからかわれた。それで皇后になってのち、闘鶏国

110　三陵墓東古墳

造を召し出して、稲置《いなぎ》に貶《おとし》めたという（『日本書紀』）。三陵墓東古墳は都祁で唯一の前方後円墳であり、築造時期も伝承とそれほど差がない。闘鶏国造の墓である可能性が大きい。同古墳は三陵墓東古墳公園として整備されているので、関心のある方は、ぜひ一度訪ねられたら、と思う。

都祁の文化や信仰には、注目すべきものが多い。奈良県下で年平均気温が最も低いのは、奈良市都祁《つげ》針町《はりちょう》で、宇陀市大宇陀がそれに次ぐ。それで古代においては、冬に都祁で氷を作って氷室《ひむろ》に保存し、暑月（六月・七月）に切り出して、平城宮や長屋王家に運ばれた。近代には、氷豆腐の製造が盛んであった。

都祁には神体山とされる山が多い。奈良市都祁白石町に所在する野々《のの》神岳《がみだけ》（標高五五〇・三メートル）が、その代表的なもの。雄雅山《おがやま》と雌雅山《めがやま》から成り、頂上には窟があって黒いヲロチが住むと伝える。雄神《おが》山の麓に鳥居があって、そこから拝するのみ。地元の人々は、拝所から一歩たりとも山に入らない。古来、その禁忌《きんき》が固く守られている。

都祁にはまた、葛神《くずがみ》信仰が色濃く残っており、葛神を祀る葛神社（近代になって国津《くにつ》神社とされた）が広く分布している。葛神は蛇であり、大和では「クツナ」「クチナワ」と言う。奈良県下では、吉野川流域や飛鳥川上流域でも葛神信仰が残っている。

都祁の「休《やす》ん場」は、雄神《おが》神社の麓と白石の国津神社を結ぶ道沿いに点在する。その前にヤマトタケル伝承にふれよう。「休ん場」解明の手がかりとなる伝承がみえるからである。

ヤマトタケル伝承

ヤマトタケルの一行が東国遠征を終えての帰路、信濃から美濃へ越える峻険な信濃坂（御坂《みさか》峠）で難渋する。疲労困憊したため、山中で食事を取っていると、山の神は一行をさらに苦しめようとして、白い鹿に変じて出現する。ヤマトタケルが一つの蒜《ひる》（ニンニク）を弾《はじ》くと、鹿の眼に当たり死んでしまった。それまで信濃坂を越える者は、必ず「神の気《いき》を受け瘼《を》え臥《ふ》」したが、ヤマトタケルが白鹿を殺してからのちは、蒜を噛んで人や牛馬に塗ると、「神の気」に当ることがなくなったと伝える（『日本書紀』景行天皇四十年条）。

まことに興味深い伝承である。現在でも山中の峠道や四つ辻で、「ひだる神」（行合神）に取り付かれると、急に空腹となり、気力が衰え動けなくなるが、少しでも食べ物を口にすると治るという。

それで現在でも山中での食事の作法として、握り飯を供えたり、食べ物の一部を必ず残しておく。奈良県下では、空腹になった状態を「ひだるい」と言う。「ひだる神」はそれに由来するとみてよい。「オエ」という言葉は、神武天皇の一行が熊野の山中で動けなくなる件《くだり》にもみえる

111　都祁の「休ん場」

（『古事記』）。

生きる禁忌

『出雲国風土記』巻頭の意宇郡《おうぐん》条に、八束水臣津野命《やつかみずおみつぬのみこと》が国引きをおえたのち、疲れ果て、意宇の杜《もり》に杖を突き立て「オヱ（意恵）」と言った。それで意宇の地名が生まれたと説明している。ヤマトタケル伝承にみえる「ヲエ」と「オヱ」では音韻の違いもあり、問題を残すが、ここではふれずにおく。

意宇の杜について、「郡家《ぐうけ》の東北の辺《ほとり》、田の中にある塾《こやま》、是なり。周《めぐ》り八歩ばかり、其の上に木ありて茂れり」と注記しており、現在も出雲国庁跡（隣接して意宇郡家が所在した）の東北に、意宇の杜が残っている。径五メートルほどの小丘。四周に注連縄を張り巡らし、入ることも、樹木に触れることも固く禁じられている。

都祁の「休《やす》ん場《ば》」は意宇の杜に酷似する。白石の国津《くにつ》神社から雄神神社への参道に沿って、水田のなかに三坪ほどの樹叢が四ヵ所あり、「休ん場」と言う。雄雅山の神が国津神社に行かれる際、休息される場所と伝え、上ったり樹木を伐ることは固く忌まれている。古代の信仰を今に伝える、全国的にも貴重な民俗であり、後世に伝えるべきものと思う。

112　神功皇后陵

四

神功皇后伝承

八幡神のひとり

吉野川の川筋には八幡神社が多い。とりわけ吉野郡下市町《しもいちちょう》に多く、それに次ぐのが大淀町・黒滝村。下市町大字下市の氏神である八幡神社や、同町善城《ぜんぎ》、大淀町大字下淵《しもぶち》、同町檜垣本《ひがいもと》の八幡神社はよく知られている。

八幡神社の祭神は、応神天皇（誉田《ほんだ》別命《わけのみこと》）と、その母である神功皇后（息長帯《おきながたらし》比売命《ひめのみこと》）。これらの地域に、神功皇后に関わる民話や伝説が多いのも、八幡信仰の流布と深い関わりがある。

日本の古代には、神憑《かみがか》りして（憑依《ひょうい》という）神の言葉を伝える（託宣する）女性が伝承されていた。大和王権の王・大王の近親の女性が憑依・託宣して、政治的にも大きな影響を与えたところから「巫女王《ふじょおう》」と称される。こうした巫女王の系譜につながる女性として、卑弥呼《ひみこ》、倭《やまと》迹《と》迹《と》

113　角刺神社

日百襲姫《ひももそひめ》、神功皇后、飯豊皇女《いいとよ》などがあげられる。また皇極天皇（重祚《ちょうそ》して斉明天皇）も、その面影を残す。

邪馬台国女王の卑弥呼について、「魏志倭人伝」に、「鬼道《きどう》に事《つか》え、能《よ》く衆を惑わす。年已《すで》に長大なるも、夫婿《ふせい》なく、男弟《だんてい》あり、佐《たす》けて国を治む」とみえる。「鬼道」の実態はよくわからない。「魏志東夷伝」にみえる「鬼道」の事例を検討すると、青森県の下北半島北部に位置する恐《おそれ》山《ざん》のイタコのように、死者の言葉を伝えるものであったとみてよい。生涯独身で、国政を行ない、男弟が補佐したという。鬼道は憑依と少し異なるが、卑弥呼は巫女王であったとみてよい。

女帝・飯豊天皇

倭迹迹日百襲姫は、大和王権の初代王ミマキイリヒコ（崇神天皇）の叔母とみてよい。崇神朝に疫病が流行した際、神憑《かみがか》りして三輪山の神、大物主神《おおものぬしのかみ》の言葉を伝えたという。死に際して箸墓に葬られた伝承で知られる。

一方、飯豊皇女《いいとよ》（飯豊青皇女）はヲケ王・オケ王（顕宗・仁賢天皇）の叔母。忍海角刺宮《おしぬみのつのさしのみや》で称制《しょうせい》したと伝える。称制とは、即位せずに政務を執《と》ることをいう。近鉄御所《ごせ》線忍海《おしみ》駅の西側に**角刺神社**があり、葛城市新庄町北花内《きたはなうち》には**飯豊天皇陵**が所在する。『扶桑略記』などに、飯豊天皇

114　飯豊天皇陵

とみえることに基づく。

『古事記』『日本書紀』（以下、両書を記紀とする）に伝える代表的な巫女《ふじょ》王は神功皇后である。第十四代仲哀天皇の皇后で、第十五代応神天皇の母。記紀や風土記などに、新羅征討を行なったと伝えるが、今日では史実ではなく、記紀編纂に近い頃に成立した伝承とみなす見解が有力化している。記紀ともに神功皇后の託宣《たくせん》を伝え、また懐妊中にもかかわらず、腰に石を挟んで新羅征討を行なうなど、神秘的な伝承が多い。

モデルは斉明帝

神功皇后を息長帯《おきながたらし》比売《ひめ》命という。滋賀県彦根市から長浜市にかけての一帯を拠点とした大豪族、息長氏の血筋をひくタラシヒメの意。後の息長足《おきながたらし》日《ひ》広額《ひろぬか》天皇（舒明天皇。天智・天武天皇の父）、その皇后である天豊《あめとよ》財《たから》重《いかし》日《ひ》足姫《たらしひめ》天皇（皇極・斉明天皇）の名と共通性をもつ。こうしたところから、百済救援のために外征軍を起した斉明女帝をモデルとして、神功皇后が語り出されたとの説が有力である。

第十二代の景行（大足彦《おおたらしひこ》忍《お》代別《しろわけ》）、第十三代の成務（稚足彦《わかたらしひこ》）、第十四代の仲哀（足仲彦《たらしなかつひこ》）に至る系譜にも、タラシヒコの名号が含まれ、新しい要素が見られる。仲哀はヤマトタケルの子とされ、景行から仲哀に至る系譜は、ヤマトタケル伝承成立後に生まれた、新しい系譜とみなしうる。

八幡信仰は豊前国《ぶぜんのくに》（大分県）の宇佐神宮から興った。祭神は応神天皇・比売大神《ひめおおかみ》・大帯姫《おおたらしひめ》（神功皇后）。神功皇后は、『播磨国風土記』にも大帯日賣命とみえている。もともと九州で語られていたオホタラシヒメの伝承をもとに、七世紀後半に斉明女帝をモデルとして息長タラシヒメ（神功皇后）の伝承が成立し、記紀に取り込まれたと考える。

神像彫刻

日本の基層信仰では、カミは具体的な姿や形をもたない存在と観念されていた。だから五三八年に（五五二年とする説もある）、百済から金色に輝く、人の姿をした仏像が伝えられたことは、まことに衝撃的な出来事であった。ところが神像の出現は、二五〇年ほど後のことになる。東大寺大仏の造立に際し、宇佐八幡神が平城京へ上ったことを契機として、神仏習合の気運が高まり、史料に神像がみえるようになる。

遺品としては平安初期のものが最古で、松尾大社（京都市）の男女神像、薬師寺（奈良市）の鎮守である休丘《やすみがおか》八幡宮の僧形八幡神像（応神天皇）・神功皇后像・仲津姫命（比売大神）像がよく知られている。かつて奈良国立博物館の「神仏習合」の特別展で、休丘八幡宮の三体の神像を、初めて実見する機会を得た。意外なほど小振りで、印象的であった。

VI

英雄たちの足跡

115　石上神宮

一

武内宿禰と英雄伝説

対外交渉担う氏族

奈良県五條市の市域は、もと宇智郡であった。奈良盆地南西部から金剛山の山麓を、あるいは巨勢谷《こせだに》（御所市古瀬《こせ》付近の峡谷）を越えると、『万葉集』に「たまきはる宇智の大野」と歌われた北宇智。五條市近内《ちかうち》を中心とした一帯である。

ＪＲ五條駅の周辺に「須恵」の地名（五條市須恵）が残ることから、五世紀代には須恵器生産の一大拠点だったらしい。また吉野川右岸の紀路《きじ》をたどれば、紀ノ川河口の「紀伊の水門《きのみなと》」に達したし、吉野川（河川法では紀ノ川）水運も盛んであった。五條市の市街地は、まさに水陸交通の要衝で、奈良時代には宇智郡家《ぐうけ》が置かれ、「内の市《うちのいち》」も立った（『日本霊異記』下巻第六縁）。

四世紀末葉～五世紀後半には、「宇智の大野」に方墳を中心とした特

116　五條猫塚古墳

異な近内《ちかうち》古墳群が営まれている。五條猫塚古墳出土の遺物にもうかがえるように、宇智には大和王権の対外交渉に活躍した有力な氏族がいた。そうしたところから語り出された英雄が、武内宿禰だったと考える。

武内宿禰は神功皇后の神憑りに際し、「審神者《さにわ》」として託宣を述べた人物。景行・成務・仲哀・応神・仁徳天皇に仕え、「たまきはる内《うち》の朝《あ》臣《そ》、汝《な》こそは世の長人《ながひと》」と讃えられたという（『日本書紀』仁徳五十年三月条）。

五條猫塚古墳

近内《ちかうち》古墳群は前方後円墳を含まず、総数約一〇〇基の大小の円墳と方墳から成り、全国的にみてもきわめて特異である。五條市西河内町《にしかわちちょう》に所在する**猫塚古墳**は、五世紀中葉に築造された一辺三二メートルの方墳。先年、物故された網干善教先生が調査された。竪穴式石室内と石室外の埋葬施設から、蒙古鉢形眉庇付冑《まびさしつきかぶと》・金銅製眉庇付冑を始めとする鉄製武具類や、鉄製鍛冶具一式が出土した。朝鮮半島との交流で得られた武具類であり、それらをもとに鉄器生産を行なっていた被葬者像が浮かび上がる。

それにしても猫塚という呼称はおかしい。日本に猫がもたらされたのは平安時代。したがって動物の猫ではない。天皇の称号に「倭《やまと》根子《ねこ》」

といった語彙《ごい》が含まれるから、「ヤマトの首長」ほどの意。したがって五條猫塚古墳は、宇智の首長の墓として伝承されていたことになる。

多い後裔氏族

『古事記』に、有名な建内宿禰《たけしうちのすくね》の後裔氏族伝承がみえている。以下、建内宿禰の子を列挙し、それぞれ代表的な後裔氏族をあげ、（　）内にその居住地を記す。

波多八代宿禰《はたのやしろのすくね》…波多臣（高市郡高取町羽内《ほうち》・市尾）、許勢小柄宿禰《こせのおからのすくね》…巨勢臣（御所市古瀬《こせ》付近の巨勢谷）、蘇賀石河宿禰《そがのいしかわのすくね》…蘇我臣（曽我川中流域から、畝傍山東南の橿原市大軽町《おおがるちょう》にかけての一帯）、平群都久宿禰《へぐりのつくのすくね》…平群臣（平群谷）、木角宿禰《きのつののすくね》…紀臣《きのおみ》（紀ノ川の河口一帯）、葛城長江曾都毗古《かずらきのながえのそつびこ》…葛城臣（御所市・葛城市新庄町）（『古事記』に葛城臣はみえないが、推古朝に成立した原系譜にあったことは確実なので、補って示した）。

注目されるのは、紀臣以外は全て奈良盆地を拠点とする臣姓の有力豪族であった。また平群臣を除けば、それぞれの本拠地は盆地西南部で、重阪峠《へいさかとうげ》から流れ下る曽我川沿いであり、また奈良盆地と紀ノ川河口を結ぶ紀路《きじ》に沿って分布していたことも興味深い。

117　紀路（高取国際高校付近）

王権の勢力圏

神亀元年（七二四）十月、聖武天皇は紀伊国に行幸したが、その際、笠《かさの》朝臣《あそみ》金村《かなむら》が長歌を作っている。軽の地から畝傍山を見つつ**紀路**に入り立ち、真土山《まつちやま》を越えたと歌う（『万葉集』巻四―五四三〜五四五）。紀路の道筋は、五世紀代には畝傍山の東南麓から、波多、葛城、宇智の大野、真土峠を経て、紀ノ川河口に至るものであったが、六世紀以降は一部変更され、波多から巨勢谷をへて宇智の大野に至るようになった。

このように武内宿禰の後裔氏族系譜につながる臣姓の有力氏族は、紀臣も含めて紀路に沿って分布していた。平群臣が含まれるのは、海運・水運に深く関わった紀臣が、大和川を遡って平群の地に進出したからだと思う。平群町椿井《つばい》に式内社の平群坐紀氏神社《へぐりにいますきうじじんじゃ》があり、平安初期には紀氏一族の分布が確認できる。

武内宿禰の弟に味内宿禰《うましうちのすくね》がいて、兄弟相争い、武内宿禰が勝利したと伝える（『日本書紀』応神九年条）。味内宿禰は山代内臣の祖と伝え、京都府八幡市内里《うちさと》に式内社の内神社が鎮座する。

巨視的にみれば、初期大和王権の勢力圏の西南隅が大和国宇智郡、北西隅が山城国綴喜郡《つづきぐん》有智（内）郷であった。欽明十四年（五五三）十二月に、百済・新羅軍を撃破した武将として有至《うち》（内）臣がみえている。

後になると、天皇を輔弼《ほひつ》する「たまきはる内朝臣」として、蘇我大臣馬子や中臣連鎌足らがイメージされるようになる。しかし『古事記』にみえる建内宿禰の子孫に関する系譜は詳細であるが、建内宿禰自身に関わる物語は『日本書紀』に比し少ない。「内宿禰」の呼称を重視すれば、もともと宇智の地域を拠点として語り継がれた英雄だったかと思う。

二

葛城襲津彦

新羅に遠征

『古事記』に建内宿禰の子とされる人物のうち、実在したのは葛城臣の祖、葛城長江曾都毗古《そつびこ》である。『日本書紀』には、葛城襲津彦（以下、ソツビコ）と記し、新羅を討ったことを伝える（神功皇后摂政六十二年条）。同条に引く「百済記《ひやくさいき》」に、壬午年《じんご》（三八二）に新羅からの調貢がなかったので、「沙至比跪」を遣わして討たせたとみえる。「百済記」は、百済から倭国に渡来した人達が推古朝にまとめた百済関係の史書。『日本書紀』編纂に際し、「百済記」にみえる沙至比跪を、葛城襲津彦に宛てたことが明白である。

「沙至比跪」の表記が注目される。「至」は、万葉仮名では「シ」であるが、推古朝遺文では「チ」。「跪」は万葉仮名・推古朝遺文ともに見えない。しかし稲荷山古墳（埼玉県行田市）から出土した、辛亥年《しんがい》（四七

118　大和神社（天理市）

二）七月製作の鉄剣銘文に「意富比垝」とみえ、オホヒコ（大彦）と読める。「跪」と「垝」は字体が類似し、ともに「コ」に宛てられた可能性が大きい。こうしたことから、壬午年にソツビコが実在していたと考えられる。

娘は仁徳の皇后

葛城臣の祖、ソツビコの本拠地は何処だろうか。ソツビコは、仁徳天皇皇后の磐之媛《いわのひめ》の父。その磐之媛の歌が手がかりとなる。

磐之媛が新嘗祭に用いる御綱柏《みつながしわ》を取りに木国（紀伊国）に行っている間に、仁徳天皇は八田若郎女を妻問いした。夫の不実を知った磐之媛は難波高津宮に戻らず、淀川から山代川（木津川）を遡り「あをによし　那良《なら》を過ぎ、小楯《をだて》　倭《やまと》を過ぎ、吾《あ》が　見が欲し《ほ》国は、葛城高宮　吾家《わぎへ》のあたり」と歌った。「平城《なら》山を越え、**大和《おおやまと》神社**の辺りを過ぎて、葛城の高宮にある我が家の辺《あた》りを遠望したい」ほどの意。

高宮は古代の葛上郡高宮郷。御所市長柄《ながら》から**一言主《ひとことぬし》神社**（御所市森脇）にかけての一帯。御所市長柄は湧水に恵まれた地で、今も酒や醤油の醸造元がある。長柄神社西方の長柄遺跡は弥生時代の拠点集落で、大正七年（一九一八）に銅鐸と船載の多紐細文鏡《たちゅうさいもんきょう》が出土している。多紐細文鏡は、全国で四面しか出土していない珍しいもの。

119　葛城一言主神社

五世紀代になると豪族居館《きょかん》が出現する。平成元年（一九八九）に長柄小学校の体育館建設に先立つ発掘調査で、豪族居館の北東隅の突出部が検出された。周濠内から五世紀後半～六世紀前葉の豊富な遺物が出土し、居館内からは竪穴住居・倉庫・工房などが検出されているので、各種の工房をあわせもつ、葛城氏に関わる豪族居館と推測される。なお長柄小学校の校庭内に遺構の一部が保存され、説明板もある。

二つの石室

注目されるのは、『古事記』の葛城長江曾都毗古の表記。長江は長枝・長柄とも表記されるので、ナガエと発音されていたものが、のちにナガラに転訛《てんか》したことは十分考えられる。したがって葛城長江は、現在の長柄の地であり、磐之媛の歌った葛城の高宮であった。検出された長柄遺跡は、ソツビコの子孫の居館とみなしうる。

ソツビコを葬った墳墓はどこに求められるだろうか。平成十年（一九九八）九月二十二日、台風七号が奈良県中・南部を襲い、激甚な災害をもたらした。葛城地域でも長柄神社や高鴨《たかがも》神社などの社叢《しゃそう》が大きな被害を受けた。

その際、長柄集落の東方約一・七キロに所在する**宮山《みややま》古墳**（室《むろの》大墓《おおはか》とも。御所市室《むろ》に所在）でも、墳丘上の樹木約二〇〇本以上が倒れ、後円部東端

120　宮山古墳

で倒れた木の根元から、円筒埴輪や形象埴輪、陶質《とうしつ》土器などが出土した。古墳築造時の土層から出土したものであり、陶質土器は四世紀末から五世紀初頭に伽耶《かや》の咸安《かんあん》（ハムアン）付近で作られたもの。宮山古墳は五世紀初頭前後に築造されたことが確定し、その被葬者はソツビコであることがほぼ確定したと言えよう。

室大墓

宮山古墳は全長二三八メートルの巨大前方後円墳。東側の八幡神社境内から、後円部に上る道が整備されているので、自由に見学できる。古くから室大墓と称されてきた。昭和三十四年（一九五九）に後円部の発掘調査が実施され、南北に二基の竪穴式石室があり、二つの石室の周囲には、盾形・靫形《ゆきがた》・短甲形などをはじめとする多彩な形象埴輪が方形に巡らされていた。それらの埴輪は、奈良県立橿原考古学研究所の附属博物館に展示されている。南側石室内の竜山石《たつやまいし》の**長持形石棺**は、今も見ることができる。関心のある方は、ぜひとも一見されたい。

『帝王編年記』には、武内宿禰の墓を「室破賀《むろはが》」とする。「室墓《むろはか》」の意だろう。室大墓を、中世にはソツビコの父、武内宿禰の墓とする伝承があったのである。右に述べたように、現在ではソツビコの墓であることがほぼ確定した。その巨大さからみて、ソツビコが大和王権の王にも匹

121　宮山古墳の石棺

敵する勢威と権力の所有者であったことを示している。

122 水上池

三 磐之姫の嫉妬

ウワナベ古墳

平城宮跡の東北域に広がる**水上池**《みなかみいけ》は、四季それぞれに興趣に富む。水鳥の多いことも景観に躍動感を添え、見飽きることがない。また周辺には、五世紀代に築造された周濠をもつ、巨大な前方後円墳が点在している。北側に**ヒシャゲ古墳**（全長二一八メートル。仁徳天皇皇后の**磐之媛命**《いわのひめのみこと》陵とされる）、東側に**コナベ古墳**（全長二〇四メートル）、さらにその東側に**ウワナベ古墳**（全長二八〇メートル）がある。

水上池を中心に、これらの古墳をめぐる歴史の道が整備されていて、絶好の散策コースとなっている。ウワナベ古墳・コナベ古墳は、近世には奈良時代の元明天皇陵・元正天皇陵とされていた。明治十八年（一八八五）に陵墓参考地とされ、現在に至っている。ヒシャゲ古墳は、明治八年十一月に磐之媛の平城坂上陵《ならさかのへのみささぎ》と決定された。

123　磐之媛陵

それにしてもウワナベ・コナベ古墳の呼称は腑に落ちない。私見では、磐之媛と関わりがあるのでは、と考えている。

『古事記』には、磐之媛について「足も足掻《あが》かに嫉《ねた》みたまひき」（地団太踏んで嫉妬した）と表現している。同じ表現はスサノヲ神の娘で、大国主神の妻となったスセリビメにも伝えられている。信頼していた夫の裏切りが判明した際、激情に駆られて、こうした態度となったのだろう。

光明皇后の投影

『万葉集』巻二の巻頭に相聞歌を収める。その巻頭の歌群（巻二―八五～九〇）は、磐之媛が仁徳天皇の帰りを待ちこがれる、いじらしいまでの相聞の歌。「足も足掻かに嫉みたまひき」とされる磐之媛像とは全く違う。近年、嫉妬は深い愛情が裏切られた際の表現とする考えや、光明皇后に関わって、磐之媛像が変更されたとする説が出されている。

藤原不比等と橘三千代との間に生まれた光明《こうみょう》子《し》が聖武天皇の皇后に立てられたのは、稀有のことであった。古来、皇后は必ず皇室の血筋を引く女性に限られており、ただ唯一の例外が葛城ソツビコの娘、磐之媛だったのである。光明立后に際しての聖武天皇の宣命《せんみょう》に、磐之媛が仁徳の皇后だった事例をあげ、臣下の家の出であるが、光明子を皇后に立てると縷縷《るる》説明している。『万葉集』巻二の巻頭の歌群は、新たに修正

124　ウワナベ古墳

が加えられた磐之媛像なのである。

後妻打ちの習俗

古代の人々が英雄と見做《みな》したのは、暴力的なまでに荒々しい一方で、心優しく恋多き男性であった。その典型がヤマトタケル命やワカタケル大王（雄略天皇）であり、神々ではスサノヲ神だった。荒々しい側面が欠如し、心優しく恋多き男性として語られたのが、大国主神や仁徳天皇である。

神武東征伝承に、宇陀《うだ》（奈良県宇陀郡）に住む久米《くめ》集団が伝えた久米歌がみえる。

「宇陀の高城《たかき》に　鴫羅張《しぎわなは》る」で始まる有名な久米歌のなかに、「前妻《こなみ》が菜乞《なこ》はさば　立柧棱《たちそば》の　実の無《な》けくを、こきしひゑね　後妻《うはなり》が　菜乞はさば　いちさかき　実の多《おほ》けくを　こきだひゑね」の詞章がみえる。

「コナミ（正妻）がおかず（副食物）を乞うたなら、ソバの木（ニシキギの古名）の実のないのをやれ。ウハナリ（新しく娶った若い妻）がおかずをねだったら、ヒサカキの実の多い所をやれ」の意。この久米歌は酒宴での戯れの歌。おもしろ可笑しく囃し立てたのだろう。ウハナリ・コナミの語が注目される。

中世には後妻打《うわなりうち》の習俗があった。離婚後、五十日（ないし一ヵ月）以内

125　コナベ古墳

に夫が後妻を迎えると、前妻とその親族の女性たちが、木刀などを所持して後妻の家に押しかけ、乱暴の限りを働く慣習。ただし儀礼的なものだったらしい。

こうした事例を踏まえると、ウワナベ古墳・コナベ古墳の呼称は、ウワナリとコナミに由来するように思う。二つの古墳が隣り合って並ぶ様を、ウワナリとコナミの二人を葬った墓と語り伝えたのだろう。

ウワナリ塚

磐之媛のその後について、『日本書紀』では、磐之媛は夫の仁徳天皇を許すことなく筒城宮《つつきのみや》（京田辺市普賢寺付近）で薨じ、乃羅山《なら》（平城山）に葬られたとし、『延喜式』には平城《なら》坂上墓《さかのえのはか》とみえる。古代の平城坂は、JR奈良線（現、大和路線）のルートだったので、水上池周辺に磐之媛の墓が伝承されていた可能性が高い。

一方、奈良県天理市の石上神宮から北山辺の道をたどり、平尾山《ひらおやま》の丘陵を越える所に、ウワナリ塚古墳と石上大塚古墳（ともに天理市石上町に所在）がある。小さな谷を挟んで近接し、ウワナリ塚古墳は全長一一〇メートル、石上大塚古墳は全長一〇七メートルとほぼ同大の前方後円墳。ともに六世紀初頭頃に相次いで築造された。

ウワナリという言葉が古墳名に残っていて、まことに興味深い。築造されて間もない頃から、この二基の前方後円墳は、石上地域の在地首長（物部大連）のウワナリとコナミを葬ったとの伝承があったのでは、と想像している。

126　和爾下神社境内の柿本寺跡

四

東大寺山古墳と鉄刀

二世紀末の年号

東大寺山古墳から、後漢の「中平」年号（一八四〜一八九）を記す鉄刀が出土しており、邪馬台国の所在地を考える上でも、大きな手がかりとなっている。

東大寺山は天理市櫟本町《いちのもとちょう》に所在する標高一三四・五メートルの小山。櫟本町を中心とした一帯は、古代から中世に至るまで、東大寺領の櫟《いちいの》庄《しょう》（櫟本庄《いちいもとのしょう》）があったところから、東大寺山と称されてきた。その位置をもう少し詳しく説明すると、名阪国道のすぐ北側で、シャープ総合開発センター工場の西方。山の西南には、**和爾下《わにした》神社**や柿本朝臣人麻呂ゆかりの歌塚《うたづか》があり、以前にとりあげたワニ（和爾）氏の本拠地であった。ＪＲ櫟本駅付近の標高は六六メートル前後だから、古墳の比高差は七〇メートル弱。小高い丘と言った方がふさわしい。

127　東大寺山古墳群の説明板

東大寺山古墳は、丘頂から北に延びる尾根を利用して築かれた全長一四〇メートルの前方後円墳。昭和三十五年（一九六〇）～三十六年に発掘調査が実施された。その契機となったのは、それ以前に後円部付近の竹林の手入れに際し、碧玉《へきぎょく》製の鍬形石《くわがたいし》・車輪石などが多数掘り出されたことによる。

家形飾りの環頭大刀

入母屋《いりもや》式の家形飾《いえがたかざり》環頭大刀は珍しい。寄棟《よせむね》造りの上に切妻造りを重ねたもの。高床式の建物で、高床部には露台（バルコニー）があり、長い柄のある傘を立てかけている。これとよく似た建物が、佐味田宝塚《さみだたからづか》古墳出土の家屋文《かおくもん》鏡にみえている。奈良県北葛城郡河合町佐味田に所在する、全長一一一・五メートルの前方後円墳。明治年間に盗掘され、粘土槨から多数の遺物が出土した。その内には、三十面以上の鏡があったことで知られる。

家屋文鏡には、形態を異にする四棟の建物を、紐座《ちゅうざ》の各辺を地表面として配しているが、その内の一棟と東大寺山古墳出土の入母屋式の家形はよく似ている。佐味田宝塚古墳は四世紀後半の築造とされるが、古墳時代を通じて、王・大王や各地の豪族首長の居館は、こうした入母屋式の建物を中心に構成されていたとみてよい。平成十七年（二〇〇五）

に発見された、奈良県御所《ごせ》市極楽寺の極楽寺ヒビキ遺跡の大型建物も、露台（バルコニー）をもつ入母屋式建物であった。

古墳築造は四世紀

東大寺山古墳後円部の発掘調査で、墓壙の中央から巨大な粘土槨《ねんどかく》（木棺を粘土で被覆したもの）が検出された。大半は室町時代頃に盗掘を受けていたが、東西の墓壙壁と粘土槨との間から、夥しい量の武器・武具類が出土した。

東側では、五束の矢束《やつか》（一束に四十本内外の矢）の上に、三本の長槍（長さ四・三メートル）を置き、長槍に沿って一三口の鉄刀、二口の鉄剣が並べられていた。

とりわけ注目されたのは鉄刀で、五口に青銅製の環頭が装着されていた。中国から輸入された後漢代の素環頭大刀の環頭を断ち切り、倭国で新たに作られた青銅製の環頭を装着したもの。「中平」銘の鉄刀や、入母屋式の家形飾環頭大刀は、この内に含まれる。他の七口は素環頭大刀である。

東大寺山古墳の被葬者が、こうした鉄刀を多数保有していた歴史的背景が注目されよう。発掘調査を担当された天理大学の金関恕氏は、築造年代を四世紀中葉頃と推測されている。

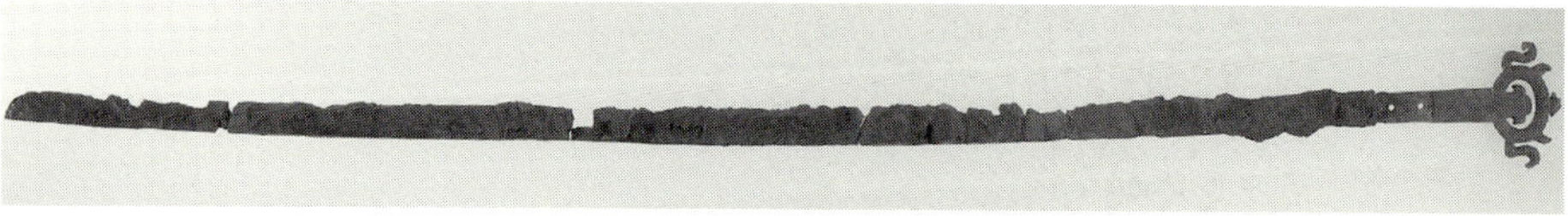

128　東大寺山古墳出土　中平銘鉄刀

卑弥呼の鉄刀

「中平」銘の鉄刀は、やや内反《うちぞ》りの長大な大刀（長さ一一〇・九センチ）で、鋳銅製の鳥首・花形飾りの環頭が装着されている。緑青が吹き出し、鋳色との対比が美しい。大刀の背に銘文があって、「中平□年」で始まる吉祥句を連ねた二四字から成る。

「中平」は後漢末期の霊帝の年号で、光和七年（一八四）十二月に中平と改元された。『三国史』（撰者は陳寿《ちんじゅ》〈二三三～二九七〉）に、横暴な人物としてみえる董卓《とうたく》が勢力を振るった時代である。

その頃の倭国は「倭国大乱」と称される動乱期であった。「魏志倭人伝」に、倭国では「本《もと》また男子を以《もっ》て王となし、住《とど》まること七、八十年。倭国乱れ、相攻伐《あいこうばつ》すること歴年、乃ち共に一女子を立てて王となす。名づけて卑弥呼《ひみこ》という」との有名な記述がみえる。

『後漢書』倭伝では、その時期を「桓・霊の間」、すなわち桓帝（一四七～一六七）と霊帝（一六八～一八八）の在位中（一四七～一八八）とする。さらに『梁書』倭伝では「漢霊帝光和中」、霊帝の光和年間（一七八～一八四）と限定している。『後漢書』『梁書』は、それぞれ范曄《はんよう》（三九八～四四五）と姚思廉《ちょうしれん》（?～六三七）の撰になる。

おおよそ二世紀中葉～後半に、西日本を舞台に大乱が起きたとみてよい。そのさなか、中平銘の鉄刀を含む素環頭大刀が倭国にもたらされ、最終的には卑弥呼のもとに伝えられたのだろう。

四世紀初頭前後、三輪山西北域に大和王権が成立する。憶測を重ねると、それらの鉄刀は王の所有するところとなり、環頭は倭国風のものに装着し直され、その少し後に東大寺山古墳の被葬者に下賜されたかと考えている。

129　JR 天理駅

五

石上神宮と禁足地

本殿のない神社

山辺《やまのべ》の道に沿う大神《おおみわ》神社と**石上《いそのかみ》神宮**は、日本最古の神社であり、大和王権と密接な関わりを有していた。

石上神宮（天理市布留《ふる》町《ちょう》に所在）は、布留川左岸（南側）の高台に鎮座している。近鉄・**JR天理駅**から東を望むと、境内地は緑滴《したた》る小山のように見え、その東方に布留山（標高二六六メートル）がある。柿本朝臣人麿の歌、「未通女等《をとめら》が袖布留《そでふる》山の瑞垣《みづがき》の久しき時ゆ思ひきわれは」（『万葉集』巻四―五〇一）は人口に膾炙《かいしゃ》し、石上神宮の境内に歌碑がある。

いつ訪ねても境内は清々しい。斎庭《ゆにわ》に尾長鳥が群れ、楼門（国・重要文化財）や拝殿（国宝）、楼門南側の出雲建雄《いずものたけお》神社の拝殿（国宝）が美しい。社殿の美しさは、県内では春日大社と双璧をなすように思う。砂利を踏みしめ、楼門を潜ると、正面に拝殿がある。永保元年（一〇八一）に、

130　石上神宮　拝殿

皇居の神嘉殿《しんかでん》を移したものという。拝殿の背後には、石の瑞垣《みずがき》を巡らせた禁足地《きんそくち》があり、古来、祭祀の中心であった。

物部氏の本拠

石上神宮は、延喜式神名帳に石上坐《いそのかみにいます》布都御魂《ふつのみたま》神社とみえ、神剣フツノミタマを祀る神社である。『古事記』や『日本書紀』に、神剣フツノミタマにまつわる説話・伝承がみえている。天孫降臨に先立つ葦原の中つ国の国譲りに際し、タケミカヅチ神が所持した剣であり、また神武東征伝承には、神武の一行が熊野で悪気にふれ眠り伏した際、タケミカヅチ神が「国平《くにむ》けの剣」を高天原から熊野の高倉下《たかくらじ》のもとに投げ下ろしたと伝え、神剣フツノミタマは「石上の神宮に坐《いま》す」と記す。

石上神宮の祭祀の源流は、布留川《ふるがわ》を挟んで対岸（北岸）に広がる布留遺跡（天理教の教会本部の一帯）にあった。龍王山《りゅうおうさん》に発する布留川は峡谷部を流れて、奈良盆地に注ぎ込む。その地点の右岸（北方域）に布留遺跡が広がる。

五世紀に集落が広がり、土器・玉類・鉄器・木製の刀装具などが製作され、農耕祭祀や布留川の水辺で祭祀が行なわれていた。そして五世紀後半に、布留川左岸の台地上に禁足地が成立する。

その契機となったのは、大和王権の武器庫がこの地に造営されたことにある。王権の武器庫は、もともと鳥見山《とみやま》東方の忍坂邑《おしさかのむら》（桜井市忍阪《おつさか》）にあり、のちに石上神宮の社域内に移されたと伝える（『日本書紀』垂仁三十九年十月条）。鳥見山周辺は大伴大連、石上神宮周辺は物部大連の本拠地であり、ともに王権の武門の棟梁たる氏族であった。

五世紀末の創祀

石上神宮の西南、天理大学のすぐ南側に所在する西山古墳は、五世紀初頭前後に築造された全長一五五メートルの前方後方墳。前方後方墳としては全国最大である。天理大学のキャンパス内からは、布留川から分水した石上溝《いそのかみのうなで》（『日本書紀』履中四年十月条）とみられる大溝や、豪族居館が検出されている。また周辺の天理市杣之内町《そまのうちちょう》の一帯には、古墳時代終末期に至るまで首長墓が連綿として営まれており、物部大連やその後裔氏族の本拠地であった。

石上の地に王権の武器庫が移され、神剣フツノミタマを祀る石上神宮が創祀されたのは、私見では雄略朝直後の五世紀末と推測している。

明治七年（一八七四）八月、石上神宮の大宮司であった菅政友《かんまさとも》（一八二四〜九七年）は、教部省の許可を得て、禁足地の発掘を行なった。神剣フツノミタマが禁足地に埋納されているとの判断に基づく。

出土した多数の翡翠《ひすい》の勾玉・管玉《くだたま》等は四世紀後半のもので、祭祀遺物としては最も古い。布留遺跡で祭祀に用いられていた遺物が、石上神宮成立とともに禁足地に埋納され、鎌倉時代末頃まで、祭りごとに取り出しては祭り、また埋納されたと推測されている。

膨大な量の武器・武具類

石上神宮には、有名な**七支刀**《しちしのとう》が伝来している。剣身の表裏に八一文字の銘文が金象嵌《ぞうがん》され、冒頭の「泰□四年」については、東晋の年号である「太和」の音に共通する「泰和」と読んで三六九年に宛て、百済王の世子《せいし》（跡継ぎ。のちの近仇首王《きんきゅうしゅおう》）が倭王に献上したものとする説が有力である。王権の武器庫に収蔵されていたものとみてよい。

石上神宮の武器庫には、各地の有力豪族が王権への服属の証《あかし》として献納した膨大な武器が収められていたが、天武三年（六七四）八月、それらの宝物を子孫に返却させた。延暦二十四年（八〇五）二月、平安遷都にともない、当時、武器庫に収められていた武器を、山城国葛野郡《かどののぐん》の兵庫に移したが、祟りがあったので、石上神宮に戻された。運搬に、延べ

131　石上神宮　七支刀と鉄盾

一五万七千余人を使役したという（『日本後紀』）。その量の多さに驚かされる。

132　丈六交差点の南側坂道（見瀬丸山古墳方面）

六　剣池

交わる古道

近鉄橿原神宮前駅の東改札口を出て、すぐの所が**丈六《じょうろく》の交差点**。橿原市久米町と石川町に跨がる所で、丈六と言い慣わされてきた。丈六は一丈六尺のこと。よく「丈六の仏像」と表現されるが、立像の高さが一丈六尺（約四・八五メートル）、あるいは座高八尺の座像を言う。この付近に丈六の仏像を安置する古代寺院があったことから、生まれた地名だろう。

丈六の交差点では、南北に通じる国道一六九号線と、東に向かう**阿倍《あべ》山田道《やまだみち》**が交わっている。国道一六九号線の橿原市小房町《おふさちょう》から丈六交差点をへて同市見瀬町《みせちょう》に至る部分は、古代に敷設《ふせつ》された下《しも》ツ道《みち》を踏襲している。下ツ道については、機会を改めて取り上げたい。

丈六の交差点から東に延びる道は、阿倍山田道と称される古道。この

133　丈六交差点から安倍山田道

道は鎌倉時代以降に作られた道で、厳密に言うと、古代の阿倍山田道は、現在の道の約八〇メートルほど南側を真東西に走っていた。平安初期に薬師寺僧景戒《きょうかい》が著わした仏教説話集、『日本霊異記』の巻頭に、阿倍山田道を舞台とした小子部栖軽《ちいさこべのすがる》の伝承がみえ、雷丘《いかづちのおか》の地名の由来譚となっている。

池底に「剣」

丈六の交差点から東に進むと、ほどなく右手に剣池《つるぎのいけ》が見えてくる。開析谷《かいせきこく》を塞き止めた広大な池。堤は西側にのみ築かれている。『万葉集』に剣池を歌った長歌がみえる。「御佩《みはかし》を　剣の池の　蓮葉《はちすは》に　渟《たま》れる水の　行方《ゆくへ》無み　わがする時に……」（巻十三―三二八九）。「剣池の蓮の葉に溜まっている露の行方がわからないように、私が心惑いしていた時に」の意。恋人を慕う乙女心を切々と歌った長歌の一節。

剣池の名の由来は、今に至るまで池底に剣が埋まっているから、と言い伝えている。古代の剣池には蓮が広がっていた。『日本書紀』にも剣池の蓮の奇瑞を記す。一本の茎に、二つの花が咲いたというものである（舒明七年七月条、皇極三年六月条）。

ここまで剣池として記述してきたが、現在では石川池とも称されており、国土地理院発行の二万五千分の一の地形図「畝傍山」では、「石川

134　剣池と孝元天皇陵

135　石川池明治期用水工事碑

池」と記している。橿原市石川町に所在するところから、石川池の呼称が生まれたとみてよい。

剣池と石川池は同一の池を指すが、厳密に言うと異なる。禅問答のようであるが、剣池との異同は、石川池の水利管理組合の関係者から話をうかがい、年来の疑問が氷解した。

孝元陵の存在

池の水が減少する冬に剣池を訪ねると、池の中ほどにコンクリート製の杭が何本かあるのに気づく。池の南側に第八代孝元天皇の**剣池嶋《つるぎのいけのしまの》上《うえ》陵**（『日本書紀』による。『古事記』では「剣池の中の岡の上にあり」とする）が所在する小丘陵があって、池に突き出し、島のように見える。陵名も、そうしたことに基づく。コンクリート製の杭は、孝元陵の陵域を示すためのもの。杭に囲まれた範囲が剣池で、宮内庁の管轄下にある。

一方、石川池は、明治期に灌漑用水を確保するため、剣池を拡張した部分を指す。地元で水利組合が結成され、明治二十九年（一八九六）に拡張工事を開始し、明治三十三年に竣工《しゅんこう》した。飛鳥川から水を引き、池の北岸中央付近で石川池に注ぐ。導水管は北岸に沿う道路の地下に埋設されているとのこと。石川池の西堤に**開鑿《かいさく》記念碑**が立つ。

『古事記』の応神天皇段に剣池を作ったことがみえ、『日本書紀』の応

136　孝元天皇陵

神十一年条には、剣池・軽池《かるのいけ》・鹿垣池《かのかきのいけ》・廐坂池《うまやさかのいけ》を作った記事がある。注目されるのは、応神天皇の宮居《みやい》が『古事記』に軽島《かるしま》の明宮《あきらのみや》、『日本書紀』に明宮（応神四十一年二月条）と伝承されていることだろう。軽《かる》は畝傍山東南の橿原市大軽町《おおがるちょう》の一帯。鹿垣池の所在地は未詳であるが、剣池・軽池・廐坂池は、いずれも軽とその周辺地域にあったとみてよい。

五世紀初頭前後の応神朝に、倭漢氏《やまとのあやうじ》の祖である阿知使主《あちのおみ》が渡来し、軽の地に近い檜隈《ひのくま》（明日香村桧前《ひのくま》）を本拠とした。池の造営には高度の技術を要する。これらの池は、土木工事に優れた技術をもつ倭漢氏の指導のもとで作られた池だろう。

池を作る

池を作るには、高度の技術を必要とする。まず第一に、大容量の水を貯えるから、その水圧に耐える堤を築くのが難しい。現在でも築堤に失敗し、やりなおすことがままあると聞く。推古朝に作られた狭山池《さやま》（大阪府狭山市）では、北堤を築く際に粘土を突き固めて（版築《はんちく》という）、その上に葉のついたままの小枝《さえだ》を敷きつめ、また粘土を突き固めることを繰り返していた（敷《し》き葉《は》工法という）。粘土層の間に敷き葉の層を挟むと、土圧による粘土層の「滑《すべ》り」が起こらない。

第二に、池の水量を調節する樋門の敷設《ふせつ》が難しい。水漏れしない長大

料金受取人払郵便

本郷局承認

6708

差出有効期間
平成27年7月
31日まで

郵便はがき

113-8790

251

東京都文京区本郷7丁目2番8号

吉川弘文館 行

愛読者カード

本書をお買い上げいただきまして、まことにありがとうございました。このハガキを、小社へのご意見またはご注文にご利用下さい。

お買上**書名**

＊本書に関するご感想、ご批判をお聞かせ下さい。

＊出版を希望するテーマ・執筆者名をお聞かせ下さい。

お買上
書店名　　区市町　　書店

◆新刊情報はホームページで　http://www.yoshikawa-k.co.jp/
◆ご注文、ご意見については　E-mail:sales@yoshikawa-k.co.jp

ご氏名《ふりがな》		年齢　　歳　男・女
〒 □□□-□□□□	電話	
ご住所		
ご職業	所属学会等	
ご購読新聞名	ご購読雑誌名	

今後、吉川弘文館の「新刊案内」等をお送りいたします（年に数回を予定）。
ご承諾いただける方は右の□の中に✓をご記入ください。　□

注文書

月　　日

書　名	定　価	部　数
	円	部
	円	部
	円	部
	円	部
	円	部

配本は、○印を付けた方法にして下さい。

イ. 下記書店へ配本して下さい。
（直接書店にお渡し下さい）
（書店・取次帖合印）

書店様へ＝書店帖合印を捺印下さい。

ロ. 直接送本して下さい。
代金（書籍代＋送料・手数料）は、お届けの際に現品と引換えにお支払下さい。送料・手数料は、書籍代計1,500円未満500円、1,500円以上200円です（いずれも税込）。

＊お急ぎのご注文には電話、FAXもご利用ください。
電話 03−3813−9151（代）
FAX 03−3812−3544

第１回配本（３冊）

親鸞と東国
今井雅晴著

足利尊氏と関東
清水克行著

坂本龍馬と京都
佐々木　克著

予価各２１００円（５％税込）

- 全ページカラーによる、まったく新しい〈歴史探訪〉シリーズ
- 歴史の専門出版社としての信頼と実績を活かし結集させた総力企画
- 政治家・武将・僧侶・芸術家など、多様な分野の人物をラインナップ
- テーマにふさわしい執筆陣による、詳細かつ正確なわかりやすい記述
- 人と地域をキーワードに読み解く、画期的な内容構成

「履歴書」…主人公の生涯を、書名にある地域との関わりを中心にわかりやすく描き出す伝記。

「○○を歩く」…主人公の地域における足跡を、現在の史跡案内を兼ねて巡る散策ガイド。

「人物相関」と「コラム」…人物相関図を掲載し、主人公とのつながりが一目でわかる。また、現代につながる話題などをコラムとして収め、本文記述を補完する。

- 本文理解を助ける、振り仮名・豊富な図版・詳細な注記

★続刊予定書目

ヤマトタケルと熊曾・蝦夷	三浦佑之著	上杉謙信と越後	福原圭一著
蘇我氏と飛鳥	遠山美都男著	北条氏と小田原城	山口　博著
聖徳太子と斑鳩三寺	千田　稔著	織田信長と安土城	高木叙子著
聖武天皇と東大寺	馬場　基著	豊臣秀吉と大坂城	跡部　信著
桓武天皇と平安京	井上満郎著	徳川家康と関ヶ原の戦い	本多隆成著
アテルイと古代東北	伊藤博幸著	長宗我部元親と四国	津野倫明著
空海と高野山	北尾隆心著	真田氏三代と信濃・大坂の合戦	中澤克昭著
菅原道真と大宰府	松川博一著	伊達政宗と仙台	金森安孝著
紫式部と平安の都	倉本一宏著	宮本武蔵と九州	吉村豊雄著
奥州藤原氏と平泉	岡本公樹著	赤穂浪士と吉良邸討入	谷口眞子著
源頼朝と鎌倉	坂井孝一著	徳川吉宗と江戸城	岡崎寛徳著
源義経と壇ノ浦	前川佳代著	上杉鷹山と米沢	小関悠一郎著
日蓮と鎌倉	市川浩史著	長谷川平蔵と江戸	高沢憲治著
道元と永平寺	中尾良信著	松尾芭蕉と奥の細道	佐藤勝明著
後醍醐天皇と吉野	市澤　哲著	歌川広重と江戸の名所	藤澤　紫著
楠木正成と河内	北村昌幸著	三遊亭円朝と江戸落語	須田　努著
足利義満と京都	早島大祐著	高杉晋作と長州	一坂太郎著
尚氏と首里城	上里隆史著	西郷隆盛と薩摩	松尾千歳著
武田信玄と甲斐	海老沼真治著	勝海舟と江戸東京	樋口雄彦著

※書名は仮題のものもございます。

吉川弘文館　〒113-0033・東京都文京区本郷7-2-8　http://www.yoshikawa-k.co.jp/
電話03-3813-9151（代表）／FAX03-3812-3544／振替00100-5-244　'13.6

（ご注意）

・この用紙は、機械で処理しますので、金額を記入する際は、枠内にはっきりと記入してください。また、本票を汚したり、折り曲げたりしないでください。

・この用紙は、ゆうちょ銀行又は郵便局の払込機能付きＡＴＭでもご利用いただけます。

・この払込書を、ゆうちょ銀行又は郵便局の渉外員にお預けになるときは、引換えに預り証を必ずお受け取りください。

・ご依頼人様からご提出いただきました払込書に記載されたおところ、おなまえ等は、加入者様に通知されます。

・この受領証は、払込みの証拠となるものですから大切に保管してください。

収入印紙
３万円以上
貼　　　付

印

…広がりを伝える

払込取扱票

02 東京

通常払込料金加入者負担

口座記号番号	金額
00100-5 244	千 百 十 万 千 百 十 円

加入者名　株式会社 吉川弘文館

料金　備考

ご依頼人
フリガナ
※お名前
郵便番号　電話
※ご住所

通信欄 ※

◆「本郷」購読を希望します

購読開始　　号より

1年 1000円（6冊）　3年 2800円（18冊）
2年 2000円（12冊）　4年 3600円（24冊）
（ご希望の購読期間に○印をお付け下さい）

日附印

各票の※印欄は、ご依頼人において記載してください。

裏面の注意事項をお読みください。（ゆうちょ銀行）（承認番号東第53889号）
これより下部には何も記入しないでください。

切り取らないでお出しください。

記載事項を訂正した場合は、その個所に訂正印を押してください。

振替払込請求書兼受領証

口座記号番号　00100-5 244　通常払込料金加入者負担

加入者名　株式会社 吉川弘文館

金額　千 百 十 万 千 百 十 円 ※

ご依頼人　おなまえ ※　様

料金　日附印

備考

この受領証は、大切に保管してください。

な木樋《もくひ》が必要であり、塵芥や砂が木樋に流入するのを防ぐ工夫もいる。こうした池を作る技術は、中国から朝鮮半島をへて、倭国に伝えられたものであった。

七

馬の伝来と廐坂

百済からの献上

五世紀初頭前後の応神天皇の時代に、百済から倭国に馬が伝えられたという。百済の国主《こにきし》の照古王は、牡馬・牝馬それぞれ一頭を、阿知吉士《あちきし》に付して貢上した。阿知吉士は阿直伎《あちきの》（岐）史《ふひと》らの祖である（『古事記』応神段）。『日本書紀』の記事はより詳しい。百済王が阿直伎（岐）を遣わして良馬二匹を貢上したので、**軽《かる》の坂上**の廐で養育させた。それで、その場所を廐坂《うまやさか》と言う。

また阿直伎は経書・典籍をよく読んだので、応神は太子の菟道稚郎子《うじのわきいらつこ》の師とした。ある時、天皇が阿直伎に「百済には、お前よりも優れた博士がいるか」と問うたところ、「王仁《わに》という者がおります」と答えたので、上毛野君の祖である荒田別《あらたわけ》・巫別《かんなぎわけ》が百済に遣わされ、王仁を倭国に迎えた。阿直伎は阿直伎史《ふひと》の始祖である（応神十五年八月条）。阿直

137　見瀬丸山古墳から「軽」の地を望む

伎史は、阿直・阿直岐・安勅とも表記され、天武十二年（六八三）十月、阿直史に連《むらじ》の姓《かばね》が与えられた。

飛鳥京跡の第一〇四次調査で（明日香村岡の天理教岡大教会の近傍）、一〇八二点にも及ぶ木簡の削屑《けずりくず》が出土し、その内に「阿直史友足」と記すものが数点ある。「辛巳《しんし》年」（天武十年）と記すものも含まれるので、天武十年三月から開始された「帝紀および上古諸事」の編纂事業に関わるものと判断される。

先年、物故された岸俊男先生（京都大学名誉教授、奈良県立橿原考古学研究所の第三代所長）と亀田博氏（同研究所所員）とともに、私も木簡の釈読に従事したので、とりわけ思い出深い。木簡の削屑を何度となく見ているうちに、自署《じしょ》と思われる「阿直史友足」と記す、同筆の削屑が他にもあることに気づいた。阿直史友足は、帝紀および上古諸事の記定作業を、実質的に支えた人物だったのでは、と考えている。

馬具の出現

「魏志倭人伝」に「牛馬なし」とみえるが、弥生時代の遺跡から馬の骨が発見されるので、日本に馬がいなかったわけではない。応神朝に百済から馬が伝えられたとの伝承は、馬の飼育・調教・乗馬方法や、馬の生産・改良などを含めた、新しい技術体系が伝えられたことを示してい

138　見瀬丸山古墳

るのだろう。馬具がいつ倭国で出現したのか、今後の課題となる。

農耕民族が乗馬するには、鞍を必要とする。現況で最も古い金銅製の鞍金具は、誉田八幡宮（大阪府羽曳野市）所蔵のもの（国宝）。誉田御廟《こんだごびょう》山《やま》古墳（応神天皇陵）の陪塚《ばいちょう》、丸山古墳から江戸時代に出土したと伝え、五世紀中葉のものと推定されている。近年、箸墓古墳や小立《こだち》古墳（ともに桜井市）の周溝から、木製の輪鐙《わあぶみ》（乗馬の際、足をかける道具）が出土しており、四世紀の早い段階に馬が伝来していた可能性もある。

興福寺の前身

先にふれた『日本書紀』の記事では、阿直伎は二匹の馬を「軽の坂上」の廐で養育したという。橿原市大軽町《おおがるちょう》付近の坂だから、**見瀬丸山《みせまるやま》古墳**付近に想定される。前回取り上げた**丈六の交差点**から見瀬丸山古墳にかけての一帯は、坂と称するに相応しい地形で、坂の下には小さな池が点在し、『日本書紀』応神十一年条にみえる軽池や廐坂池を想定しうる。

しかし問題がないわけではない。廐坂の地には舒明天皇の廐坂宮《うまやさかのみや》や、興福寺の前身、廐坂寺が伝えられているからである。丘陵地にそれらを想定するには、やや難がある。

推古天皇の崩御後、舒明元年（六二九）正月に舒明天皇が即位した。

139　丈六交差点　国道169号線

同年十月に飛鳥岡本宮（飛鳥京跡の下層遺構と推定）に遷り、八年六月に田中宮（橿原市田中町）、十二年四月に厩坂宮、同年十月に百済宮（桜井市吉備の一帯）に遷居し、十二年十月に百済宮で崩じた。わずか四ヵ月とはいえ、厩坂宮が営まれたことが注目される。

厩坂には、藤原鎌足ゆかりの厩坂寺も所在した。興福寺の縁起類に基づくと、鎌足死去に際し妻の鏡女王は、鎌足所願の釈迦丈六像を祀る山階寺を創建した。のちに鎌足の子の不比等により、藤原京の厩坂の地に移遷され（厩坂寺）、平城遷都後、霊亀・養老年間に興福寺が現在地に創建された。

地名ウラン坊

ここで改めて丈六の地名が注目される（第三二回の剣池の項を参照）。丈六交差点付近に、丈六の仏像を安置する巨大な寺院があったとすれば、古代のことに相違ない。かねて私は、小字「ウラン坊」に厩坂寺があったのでは、と推測してきた。剣池西北の交差点を北に入った所。畝傍中学校の西側と言ってもよい。

小字「ウラン坊」の存在と、そこから出土する古瓦を最初に紹介されたのは、奈良県北葛城郡王子町出身の郷土史家、保井芳太郎氏であり、石川精舎《いしかわしょうじゃ》跡と推定された。阿倍山田道に接するところに建立された大寺と推定でき、小字「ウラン坊」の呼称は微かに廐坂寺を連想させる。畝傍中学校の近くに、航空写真から池の痕跡が推定されており、廐坂池とも結びつく。

三十年ほど前、「ウラン坊」の一帯は水田で、礎石が一個残っていたことを記憶している。それも何時の間にか所在不明となり、宅地化された。往時を偲ぶものは何もない。

八

倭漢氏と於美阿志神社

明日香村桧前

日本の古代に朝鮮半島から日本列島に渡来した氏族のうち、最大の勢力を誇ったのは倭漢氏《やまとのあやうじ》であった。東漢氏とも記す。信貴・生駒の山並みを境に、東に大和、西に河内が所在することに基づく表記。倭漢氏の一族の文直《ふみのあたい》と、王仁博士の後裔氏族で河内の古市（羽曳野市古市）に居住した文首《ふみのおびと》を併せて、東西《やまとかわちの》文忌寸部《ふみのいみきら》と称されたのも、同様の事例である。

注目されるのは、倭漢氏は単一の氏族ではなかったことである。主に朝鮮半島南端部の伽耶《かや》の地から列島に渡来した人々で、古代の大和国高市郡檜隈郷《ひのくまごう》（明日香村桧前《ひのくま》を中心に、高取町北部に及ぶ地域）に住んだ人々の総称であった。

それぞれ出身地を異にし、また血縁関係に無い氏族集団であり、小丘陵の多い檜隈地域に住んだことから生じた地縁関係や、蘇我氏のもとにあって、大和王権の軍事・外交・財政などに従事したことから、次第に同族意識を育み、阿知使主を共通の祖と仰いで倭漢氏と称するようになった。

近年の研究によれば、倭漢氏諸族の故郷は、阿邪《あや》・阿羅伽耶《あらかや》（慶尚南道の釜山直轄市・金海市付近）と推定されている。「アヤ氏」の呼称も、阿邪伽耶の出身であることに基づく。

田村麻呂の故地

「坂上系図」に引く『新撰姓氏録』の逸文に、倭漢氏について、より詳しい記述がみえる。倭漢氏の祖の阿知王は、本国の乱を避けて母や弟、七姓の漢人らを率いて倭国に渡来し、応神天皇から大和国檜隈郷を与えられた。その後、阿知王は高句麗・百済・新羅の諸地に離散していた同族にも呼びかけたところ、仁徳朝に至り、高向村主《たかむこのすぐり》以下、三〇氏にも及ぶ村主らが渡来した。それで阿知王は今来郡《いまきのこおり》を立て、のちに高市郡に改めたという。

『日本書紀』にも「今来郡」がみえるので（欽明七年七月条）、乙巳《いっし》の変（大化のクーデター）後の孝徳朝に、全国的に評《こほり》が設置された際、今来評が立てられたことは確実である。大宝二年（七〇二）の大宝律令施行に

140　於美阿志神社の鳥居

141　宣化天皇檜隈入野宮趾碑

際し、高市郡とされ、現在に及んでいる。

その後、倭漢氏の諸氏族は、大和の各地や他の諸国にも居住するようになり、強大な勢力となっていく。檜隈郷とその周辺地域に居住した倭漢氏の中核氏族は、いずれも直《あたい》の姓《かばね》をもつ。当初、文直《ふみのあたい》が族長的地位にあり、七世紀後半には民直《たみのあたい》、そして奈良時代になると、坂上直《さかのうえのあたい》が族長の地位につく。なかでも延暦十六年（七九二）十一月に征夷大将軍となった坂上大宿禰田村麻呂は著聞する。

檜隈寺は氏寺

近鉄吉野線飛鳥駅の東南に位置する桧前《ひのくま》集落は、石垣のある白壁の民家が多い。民家群の美しさという点では、飛鳥川上流の稲淵《いなぶち》集落と双璧をなす。集落の東南に「桧垣坂《ひがきざか》」があり、坂を上った所に式内社の**於美《おみ》阿志《あし》神社**が鎮座する。もともと桧垣坂を隔てた西方にあったが、境内が狭小だったので、明治四十年（一九〇七）に現在地に遷された。社域は広大で社叢《しゃそう》が広がっていた。平成十年（一九九八）九月二十二日に奈良県を襲来した中型で強い台風七号の猛烈な風で、社殿は大破し巨樹も倒れた。その後、社殿は復興されたが、疎林となっている。

於美阿志神社については、いくつか問題がある。まず社名の由来がよくわからない。於美は使主《おみ》、阿志を阿知とし、倭漢氏の祖、阿知使主の

142　桧隈寺趾石塔婆

名が逆転したものとも説かれる。式内社で、氏族の祖を社名とするものは少ない。明日香村栗原の呉津孫《くれつひこ》神社ぐらいだろうか。

第二に、社地は六世紀前半の宣化天皇の**檜隈廬入野宮**《ひのくまいおいりのみや》**伝承地**とされ、鳥居の脇に石標が立つ。その根拠については、不明である。

第三に、現社地は七世紀後半に建立された倭漢氏の氏寺、檜隈寺跡だったことである。発掘調査により、西面する特異な伽藍配置であったことが判明している。明日香村栗原の栗原寺跡は、坂上直が創建した氏寺であるのに対し、檜隈寺は倭漢氏全体の氏寺だった可能性が大きい。

道光寺

檜隈寺跡が特異な伽藍配置をとるのは、地形上の制約による。寺域南辺の小さな土壇は金堂、北側の巨大な土壇は、渡来系氏族の氏寺に多い瓦積み基壇の講堂。金堂と講堂を南北に配して回廊で結び、西門を開く。回廊内の中央東寄りに塔がある。十三重の石塔（現在、上の二重と相輪を欠く）は、平安後期のもの。解体修理に際し、七世紀後半の塔の心礎と奉納物が発見され、これらを含めて国重要文化財に指定されている。

その後、檜隈寺は退転し、近世中期には石塔の近くに小さな庵《いおり》があって、法師が住んでいた。明和九年（一七七二）三月十日、本居宣長はこの地を訪ねている（『菅笠日記』）。法師に教えられて見ると、庵や道のほとりに古代の布目瓦の破片が無数にあった。そして宣長が法師に「今は何寺と申すぞ」と問うと、「だうくわうじ」と答えたが、漢字でどう書くか知らなかった。宣長はそれを痛烈に批判している。

Ⅶ　アスカの伝承

143　甘樫丘から飛鳥寺の遠望

一　吉野・国栖

144　吉　野　川

清き流れの吉野川

四世紀後葉に、応神天皇は吉野宮に行幸したと伝える（『日本書紀』応神十九年十月条）。古来、吉野は奈良盆地に住む人々にとって憧憬《しょうけい》の的であった。金剛山や葛城山を除けば、青垣の山々は標高六〇〇メートルほど。それほど高い山はない。

それに比し、吉野の大峰山脈や台高《だいこう》山脈では巍巍《ぎぎ》たる山並みが続く。それぞれ最高峯は、八剣山《はっけんざん》（仏経《ぶっきょう》ヶ岳《がたけ》とも。一九一五メートル）と日ノ出岳《ひのでだけ》（一六九五メートル）。春先、晴天の日に、大和高田市辺りから南を望むと、畳畳《じょうじょう》と連なる高山の残雪が陽光に輝き、思わず息を飲むほど。大峯から熊野に続く山々が修験道の行場《ぎょうば》となったのは、そうした山容に負うところが大きい。

奈良盆地を流れる諸河川は、川幅も狭く水量も少ない。一方、日本一

145　浄見原神社

の多雨地帯である台高山脈を控えるため、吉野川は水量豊かな清流で川幅も広い。

そして何よりも吉野川が人々を惹きつけて止まなかったのは、吉野川の鮎であった。壬申の乱の前夜、「吉野の鮎」を歌った童謡《わざうた》（世を風刺する歌）が流行したという（『日本書紀』天智十年十二月条）。『古事記』や『日本書紀』、『万葉集』には、奈良盆地を流れる諸河川で鮎を歌ったものはなく、鮎は棲息しなかったらしい。

応神天皇と吉野

応神天皇の吉野宮行幸にふれよう。『日本書紀』の応神十九年十月条に、応神が吉野宮に滞在中、吉野川上流に住む国栖《くず》（國樔）の人たちが訪れ、醴酒《こざけ》（一夜酒）を献じて、「橿《かし》の生《ふ》に　横臼《よくす》を作り　横臼に　醸《か》める大御酒《おほみき》　うまらに　聞《きこ》し持ち食《を》せ　まろが父《ち》」と歌った後、口を叩いて笑った。続いて以下の記事がみえる。

今も国樔人《くずびと》が土地の産物を献じる際、右の歌を歌い終わって口を叩いて笑うのは、上古の風習を伝えている。その人となりは淳朴。木の実を取って食べ、またカエルを煮て上味（味がよい）とし、「毛瀰《もみ》」と言う。住む所は都の東南で、山を隔てた吉野川の辺りであるが、周囲の峯は峻険で谷が深く道も険しいので、これまで来朝することがなかった。しか

146　比曽寺跡

しこの後、しばしば栗・キノコ・鮎の類を献上するようになった。『日本書紀』によれば、吉野川の上流に住む人たちを国樔と称した。主に畠で穀物を栽培し、山や川の幸を食料とした人々である。葛や藤のように、蔓を伸ばす植物が繁茂する地に居住することから、国栖の呼称が生じたのだろう。今も吉野町に国栖・南国栖の地名が残っている。

吉野の範囲

応神の行幸した吉野宮は、必ずしも斉明・持統朝や奈良時代の聖武朝の吉野宮（吉野町宮滝の宮滝遺跡）とは限らない。「吉野」の地名は、もともと「吉野川沿いの良い野」を指したからである。吉野川右岸（北岸）に広がる龍門岳《りゅうもんだけ》の山麓が本来の「吉野」であった。山麓の大淀町比曽《ひそ》に**比蘇《ひそ》寺**（吉野寺）や、吉野町山口に吉野山口神社が鎮座するのも、そうしたことに基づく。その後、吉野の範囲は、さらに上流の宮滝の地にも広がり、吉野宮が造営された。

また吉野の範囲は吉野川左岸（南岸）にも広がり、七世紀代には山下《さんげ》の蔵王堂のある吉野山付近まで、さらに聖武朝には奥千本の金峯《きんぷ》神社付近、平安初期には山上の蔵王堂のある大峰山山頂付近までも含むようになったのである。

美味という表現

海から遠く離れた地域では、海産の魚介類の入手が難しい。そのため川魚の重要性が大きく、様々に工夫して保存され、食に供された。また動物性タンパク質は、大型獣である猪・鹿・熊などのほか、雉子・山鳥・鳩・兎・蟾蜍《せんじょ》（ヒキガエル）などの小動物、ヒビ（蚕のサナギ）・蜂の子などの昆虫から摂取した（野本寛一氏『栃と餅』岩波書店による）。

国樔人についての記述でとりわけ興味深いのは、美味《おい》しいことを「モミ」と言ったことである。

大和に住む人々が日常話す言葉のなかには、古代に遡るものが、ままある。夕暮れて夜に入った頃を、「ヨサリ」と言うのはその一例。「サリ」は近づく意で、「夜去り」に由来するとみてよい。『万葉集』には「夕去り」の用例がいくつか見える。

大阪船場《せんば》生まれの郷土史家、牧村史陽（一八九八～一九七九）に名著『大阪ことば事典』（講談社学術文庫）がある。大阪のみならず関西の言葉・方言を知る上で、他に比類の無い事典。同書に「モミナイ」の項があって、「まずい。うまくない。アジナイ。さらに訛《なま》って、モムナイ」と説明している。また越谷吾山《こしがやござん》編の『物類称呼』（かつて岩波文庫に収められていた）巻五に、右の『日本書紀』の記述を引用していることに言及して、「少し無理なこじつけ。うまみない（旨味ない）の約訛と見るべきであろう」としている。

しかし大和に住み、日頃「モムナイ」と言っている私は、「モミ」の言葉は実に貴重な事例と考えている。「モミ」の否定語「モミナシ」が「モミナイ」となり、さらに「モムナイ」になったのでは、と思う。

二 都祁の氷室

仁徳朝の伝承

五世紀前半の仁徳天皇の時代、都祁《つげ》に氷室《ひむろ》があったと伝える（『日本書紀』仁徳六十二年是歳条）。仁徳の皇子、額田大中彦《ぬかたのおおなかつひこ》が闘鶏《つげ》（都祁）に狩《かり》をした際、氷室を見たという。大化前代、奈良盆地東方の大和高原に闘鶏国が置かれ、闘鶏国造《くにのみやつこ》が支配していた。闘鶏国の範囲は、おおよそ旧都祁村（現在、奈良市都祁）と天理市福住町《ふくずみちょう》を中心とした一帯。

奈良県内で年平均気温が最も低いのは奈良市都祁針町《はりちょう》で、宇陀市大宇陀がそれに次ぐ。そうしたところから、都祁では天然氷豆腐の生産が盛んであった。

古代には氷を作り、氷を保存する氷室が置かれていた。『延喜式』によれば、大和国山辺郡都介《つげ》に、宮内省主水司《もひとりのつかさ》の所管する氷池《ひいけ》（氷を作る池）が三〇ヵ所、氷室二一室半があったとみえる。

147　長屋王木簡

氷を作るのは難しいと聞く。よく晴れた極寒の夜、川水が流れ込んで凍った谷間の氷池《ひいけ》に、満遍なく水を撒くことを繰り返し、厚い氷にする。その際、塵埃《じんあい》などの不純物が混じらぬよう、細心の注意を要するという。そうして出来た氷を切り出し、氷室に貯蔵する。

長屋王木簡

額田大中彦に話を戻そう。額田大中彦が山の上から野を望むと、廬《いおり》のようなものが見えた。近侍の者を遣わすと、窟《いわや》のようだと報告する。それで闘鶏稲置《つげのいなぎ》大山主を召して問うと、土を一丈ほども掘り（一丈は約三メートル）、底に茅萱《ちがや》を敷いて氷を置き、その上に草を葺いた氷室《ひむろ》であり、夏になっても氷は消えることがなく、暑い季節には、水や酒に氷を浸して用いると答えた。それで額田大中彦は氷を運んで天皇の許に届けると、仁徳は大いに喜んだ。これより後、師走になると、必ず都祁の氷を貯蔵し、春分になると氷室から氷を出して、天皇のもとに届けるようになったという。

昭和六十三年（一九八八）八月に、平城京の左京三条二坊一・二・七・八坊に広がる**長屋王の邸**宅内から（旧、奈良そごう百貨店の地）、約四万点にも及ぶ**木簡**が出土し、大きく報道されたことは記憶に新しい。

長屋王は、壬申の乱の英雄、高市皇子《たけちのみこ》の子で、母は御名部皇女《みなべのひめみこ》（天智天皇々女）。出土した木簡に「長屋親王宮」と記すものがあり、注目された。出土した木簡から、王家が膨大な所領を有していたことや、家政の実態が明らかになっている。

オン・ザ・ロック

その内に都祁氷室《つげのひむろ》に関わる木簡がある。とりわけ興味深いのは、平城遷都の翌年、和銅四年（七一一）六月二十九日から八月二十日まで、都祁氷室の氷が馬で運ばれ、数日ごとに長屋王邸に届けられた際の記録簿とも言うべき長大な木簡（長さ七七九ミリ、幅九四ミリ、厚さ四ミリ）である。『延喜式』の宮内省主水司《もひとりのつかさ》条によれば、供御《くご》の（天皇に供する）氷は、四月一日から九月三十日まで氷室から届けられ、四月・九月は日ごと一駄《だ》、五月・八月は日ごと二駄四顆《か》とみえ、中宮・東宮・斎《いつき》内親王・妃夫人・尚侍にも氷が届けられた。

諸王はその対象とはなっていない。当時、長屋王は従三位式部卿にすぎないから、後皇子尊と称された父の高市皇子（持統十年に薨去）の時代に、官営のものとは別に都祁に氷室が設けられ、それを長屋王が引き継いだと考えられる。

また別に和銅五年二月一日の日付を記す木簡（長さ一二五〇ミリ、幅一

○五ミリ、厚さ五ミリ）に、長屋王家の都祁氷室を作った報告がみえる。氷室は二つあり、各深さ一丈（十尺。約三・〇二メートル）で周囲六丈。それぞれに厚さ三寸（九センチ）と二寸半の氷を積み、その上に五百束の草を覆ったという。

注目されるのは、その規模等が額田大中彦の見た氷室や、天理市福住《ふくずみ》町《ちょう》の氷室神社背後にある都介氷室跡とされるものに類似することだろう。氷室跡には、長径約一〇メートル、短径約八メートルの穴が二つある。『日本書紀』の氷室伝承は、奈良時代初頭の都祁氷室についての知識に基づいて書かれたものとみてよい。

奢侈品だった氷

古代では、氷室で作られた氷を利用できるのは高貴な人のみであった。右にみた事例のほかに、親王および三位以上の高官が暑月（六月・七月）に亡くなった場合、氷が家族に支給された（喪葬令）。現在では氷は家庭でも簡単に利用できる。しかし昭和二十年代には、家庭で氷を使えるのはよほど裕福な家に限られ、一般には子供が熱を出した時に、家族が氷屋に走るぐらいだった。五十年ほど前でも、氷は贅沢品だったのである。

山深い所で冬に氷を作り、氷室で保管する。しかし夏に氷を目的地まで運ぶことは、まことに困難だった。江戸時代、六月一日に富士山の氷が江戸城の将軍のもとに献上された。富士宮市の浅間《せんげん》神社のさらに奥で切り出される氷は三尺角（九〇センチ立方）。それが将軍のもとに届いた時には、二寸角（六センチ立方）に過ぎなかったという。氷は奢侈品だったのである。

148　石上神宮　楼門

三

近つ飛鳥と遠つ飛鳥

地名の由来

仁徳天皇の後、その皇子たちが相次いで即位した。履中《りちゅう》・反正《はんぜい》・允恭《いんぎょう》の三代で、五世紀前半の王である。イザホワケと称された履中天皇とその弟のミズハワケ（反正）に関わって、『古事記』に墨江中王《すみのえなかつおう》の反乱伝承や、「近《ちか》つ飛鳥」と「遠《とお》つ飛鳥」の地名の由来がみえている。簡略に紹介しよう。

履中が難波宮にいた時、弟の墨江中王が難波宮の大殿に火を放って反乱を起こした。履中は倭漢氏《やまとのあやうじ》の祖である阿知直《あちのあたい》に助けられて、大和の石上《いそのかみ》神宮（天理市布留町に鎮座）に逃れた。急を聞いたミズハワケは**石上神宮**に駆けつけるが、履中はミズハワケが墨江中王に加担しているかと疑って会おうとせず、墨江中王を殺害すれば面会すると伝えた。

それでミズハワケは難波に戻り、墨江中王の腹心である隼人のソバカリを欺き、墨江中王を殺せば自分が天皇となって汝を大臣にすると約束する。ソバカリが墨江中王を殺害したので、共に大坂の山口（二上山の西側。大阪府羽曳野市《はびきのし》飛鳥付近）に至った。

難波宮から遠江

ミズハワケは、ソバカリの行為は大功であるが、己の主人を殺したのは不義である、しかしその功に報いないと、信に悖《もと》ると考えソバカリに、「今日はここに留まり、大臣の位を与えるので、明日、石上神宮へ行く」と言って、大坂の山口に留まった。それでその地を「近つ飛鳥」と言う。

ミズハワケは仮宮を造って酒宴を催し、ソバカリに大臣の位を与えて百官に拝させ、ソバカリが大きな椀に注がれた酒を飲む時を狙って、隠し置いた剣でその頸《くび》を切った。翌日、大和の飛鳥に至ったが、ミズハワケは「今日はここで留まり、明日、石上神宮へ参上する」と言って、その地を「遠つ飛鳥」と名付けた。翌日、ミズハワケは晴れて兄の反正天皇にまみえる。

『古事記』の伝承では、履中が難波宮にいた時、墨江中王の反乱が起きたとする。『日本書紀』では履中の即位前のこととし、また事件の経緯も詳細であるが、難波宮や「近つ飛鳥」「遠つ飛鳥」の地名の起源に

149　顕宗天皇陵

ついては言及がない。

『古事記』では、難波宮に近い河内の大坂山口の地を「近つ飛鳥」、遠い大和の飛鳥を「遠つ飛鳥」とし、また「アスカ」の地名を、明くる日（翌日の意）の「アス」と結びつけているところに、大きな特色がある。

大和の飛鳥の地名は、舒明天皇の飛鳥岡本宮（六三〇～六三六年）が伝えられているので、七世紀前半には確実に存在していた。

時代の遠近説も

近つ飛鳥と遠つ飛鳥の地名については、尚《なお》も難しい問題がある。履中に次いで反正（ミズハワケ）、允恭と続くが、允恭天皇の宮を『古事記』では遠つ飛鳥宮と伝えている（『日本書紀』にはみえない）。允恭朝の甘樫丘での盟神探湯《くがたち》の伝承（『日本書紀』允恭四年九月条）なども、允恭の宮が大和の飛鳥に伝承されていたことを示すようである。

また雄略・清寧天皇の後に即位した**顕宗天皇**の宮について、記紀ともに近つ飛鳥八釣宮《やつりのみや》とする。顕宗は仁賢の弟で、清寧天皇（雄略の子）が亡くなった後、播磨から見出された幼い兄弟であり、まず弟の顕宗が即位した。右の事例からすれば、顕宗の近つ飛鳥八釣宮は河内に求むべきものであるが、河内に八釣の地名はない。

一方、大和では明日香村八釣があって、八釣の鎮守は顕宗天皇社。

150　伝飛鳥板蓋宮跡

『万葉集』にも、矢釣山（巻三―二六二）・八釣川（巻十二―二八六〇）が歌われ、中世には長講堂《ちょうこうどう》領の八釣庄が所在した。また橿原市下八釣町もあり、集落内に八釣地蔵があって参詣する人が多い。

こうしてみると、近つ飛鳥・遠つ飛鳥はともに大和に、それも飛鳥やその周辺に求めるべきだろう。「近つ」「遠つ」を距離とみれば、飛鳥の中心部から比較的近い所と遠い所にある宮、また時代の遠近とすれば、舒明朝から比較的近い時代に飛鳥に営まれた宮、さらに遠い時代に飛鳥に伝承されていた宮の意となる。

各地のアスカ

大和・河内のアスカの他にも、各地にアスカの地名が存在することは、先頃、逝去された門脇禎二先生の研究に詳しい（『新版　飛鳥』ＮＨＫブックス）。なかでも安芸のアスカ（広島県東広島市豊永町安宿）や、美濃のアスカ（岐阜県各務原市蘇原町に、式内社の飛鳥田神社が所在する）などは、大和・河内のアスカと同様に、古代に遡る地名とみてよい。

大和のアスカの確実な事例は、舒明天皇の飛鳥岡本宮である。蘇我大臣馬子が建立した蘇我氏の氏寺、飛鳥寺は地名に基づく通称であり、本来の寺号は元興寺・法興寺であった。ともに仏法が我が国で初めて興った寺の意である。七世紀中葉頃に飛鳥寺と呼ばれるようになった。アスカの地名の由来は難問。先頃、その一案を、小著『飛鳥』（岩波新書）で提示しておいたので、参照されたい。

151　稚桜神社（桜井市池之内）

四　磐余稚桜宮

前項で、「近つ飛鳥」と「遠つ飛鳥」の地名起源伝承にふれた。仁徳天皇の皇子、イザホワケ（履中天皇）の時代のこととして語られている。履中の宮については、『古事記』『日本書紀』ともに磐余《いわれ》稚桜《わかざくら》宮《のみや》（若桜宮）と伝える。

磐余は寺川の左岸（西側）で、香具山の東北域を指す。城上《しきのかみ》郡に式内社の若桜《わかざくら》神社がみえ、現在、桜井市谷に若桜神社、同市池之内に**稚桜《わかざくら》神社**があって、磐余稚桜宮の所在地を推定する手がかりとなっている。

歴代天皇のうち、磐余の地に宮を営んだと伝えるのは、履中…磐余稚桜宮、清寧…磐余甕栗《みかぐり》宮、継体…磐余玉穂《たまほ》宮、用明…磐余池辺雙槻《いけべのなみつき》宮であり（宮号の表記は『日本書紀』による）、また敏達天皇の**訳語《おさ》田《だ》幸玉《さきたま》宮**について、『扶桑略記』などには磐余《いわれ》訳語《おさ》田宮《だのみや》と伝えている。

したがって五世紀前半～六世紀後半に至るまで、磐余地域に宮が営まれることが多かったと言ってよい。その宮号には、稚桜・甕栗・雙槻の

152　敏達天皇の訳語田幸玉宮推定地　春日神社

ように、植物名を含み込んでいることも注目すべき特色となっている。

杯に散った花びら

履中天皇の磐余稚桜宮について、その宮号の由来が『日本書紀』にみえている（履中三年十一月条）。両枝船《ふたまたぶね》を磐余の市磯池《いちしのいけ》に浮かべて、履中が妃の黒媛とともに遊宴していた際、膳臣余磯《かしわでのおみあれし》が酒を献じたところ、盞《さかづき》に桜の花びらが舞い散った。

時ならぬ桜の花だったので、履中は物部長真膽連《ながまいのむらじ》に命じて桜の樹の所在地を訪ねさせたところ、掖上《わきがみ》の室山《むろやま》で発見、花の小枝《さえだ》を献じた。まことに珍しいことなので、履中は宮の名を磐余稚桜宮としたという。その功により、物部長真膽連に稚桜部造《わかさくらべのみやつこ》、膳臣余磯に稚桜部臣の氏姓が与えられた。

少し解説を加えよう。この慶事の前年、履中二年十一月に磐余池を作ったとみえるので、磐余池を磐余市磯池とも称したとみてよい。両枝船とは、Y字状になった木を利用して作った舟だろう。『古事記』の垂仁天皇段にも、尾張の二俣榲《ふたまたすぎ》（一木で二股になった杉）を用いて「二俣小舟」を作り、倭《やまと》の市師池・軽池《かるのいけ》に浮かべたとみえ、これも磐余池を舞台とした伝承である。Y字状になったスギは舟に、カシやケヤキは巨石などを運ぶ修羅《しゅら》に利用された。用明天皇の磐余池辺雙槻宮も、磐余池の

153　磐余池伝承地

辺に聳えていた神聖な雙槻《なみつき》（双槻。一本で二股となったケヤキ）に由来する。斉明二年（六五六）に飛鳥の東方、田身嶺《たむのみね》（桜井市多武峰《とうのみね》）の両槻《なみつき》の辺に起された両槻宮も同様だろう。柿本人麻呂の歌った巻向《まきむく》の「由槻《ゆつき》（弓月）が嶽《だけ》」（『万葉集』巻七—一〇八七・八八）も、巻向山の頂上に二股となった神聖な槻の樹（斎槻《ゆつき》）があった所から生じた呼称とみてよい。

磐余池の所在地

磐余池といえば、大津皇子の「ももづたふ磐余の池に鳴く鴨を……」の歌が思い出される。以前に私は、磐余池の所在地を、桜井市池之内から橿原市東池尻町の一帯と考え、その範囲を想定したことがあった（「磐余地方の歴史的研究」奈良県教育委員会『磐余・池之内古墳群』所収、一九七三年）。

東池尻町の集落が広がる小字「島井」は堤の形状をよく留め、その北側一帯は約二メートルほど低くなり、条里制に基づく水田が広がる。一方、堤の南方域は、現状では低い水田となっているが、かつては池であったことが明瞭で、小字「池田山」は中島を思わせる。こうした状況から、東西約二五〇メートルの堤を築き、戒下川《かいげがわ》（米川《よねかわ》）の水を塞き止めた磐余池を想定した。

平成十五年（二〇〇三）に右の想定域の一画、池之内の御屋敷《おやしき》・榊地

154　若桜神社（桜井市谷）

区で、六〜七世紀の池または沼の所在を示す腐植層が検出された（桜井市埋蔵文化財センターによる）。かつての想定がいくらか現実味を帯びてきた。望外の喜びである。

樹種はヤマザクラ

桜は、勿論、ヤマザクラ。現在、各地で好まれて植樹されているソメイヨシノは、明治五年（一八七二）に東京の染井の植木職が育成した品種である。

古代・中世には、桜は神聖視された。春先、人々はムラの近くの小高い丘や山に上り、桜の花の咲き具合で、その年の稲の稔りを占った。それが「花見」。満開の桜のもとで酒を飲み、「どんちゃん騒ぎ」をする花見は、近世後期以降のものである。

掖上の室山は、御所市室《むろ》にある山。古代の葛上《かつらぎのかみ》郡牟婁《むろ》（室）郷の地であり、以前に取り上げた室宮山古墳を指すのかもしれない。

橿原市膳夫《かしわで》町に「カシハ（ワ）デ」の地名が残る。古代の磐余の範囲に含まれ、膳臣《かしわでのおみ》の本拠地とみてよい。集落のほぼ中央、香久山小学校に隣接して膳夫寺《かしわでてら》跡があって白鳳期の古瓦が散布し、また柱座のある礎石が残っている。膳臣余磯の後裔である稚桜部臣《わかさくらべのおみ》では、壬申の乱で活躍した稚桜部臣五百瀬《いおせ》のほか、奈良時代には出雲や美濃にも、その同族が分布する。

磐余稚桜宮に関わる伝承は、磐余(市磯)池やヤマザクラに結びついていて、あえかで印象深い。磐余池の想定地近くに、何時かヤマザクラが咲く光景を夢見ている。

[補注] その後、平成二十三年(二〇一一)十二月十五日、橿原市教育委員会により、橿原市東池尻町の「大藤原京左京五条八坊」の発掘調査成果が発表され、同町の小字「嶋井」に堤状の地形があり、発掘調査の結果、古代に築造された池の堤であることが判明、磐余池の堤である可能性が大きい、と発表された。四十年も前の論文が陽の目を見たのであり、望外の喜びであった。

五

クカタチ

155　甘樫坐神社　クカタチ説明板

カバネの乱れを正す

五世紀中葉前後の允恭《いんぎょう》天皇の時代に、飛鳥の甘樫丘《あまかしのおか》で姓《かばね》を正すために**盟神探湯**（クカタチ）が行なわれたと伝える。允恭は、兄の履中・反正天皇と共に仁徳天皇の皇子。『宋書』倭国伝にみえる倭国王済にあたる。

『古事記』には、允恭の宮を「遠つ飛鳥宮」とし、明日香村飛鳥を中心とした一帯に伝承されていた。クカタチが行なわれたという甘樫丘も、ごく近い。当時、人々の姓が混乱していたので、味白檮《あまかし》の言八十禍津日《ことやそまがつひ》の前《さき》に玖訶瓮《くかへ》を据え、氏姓を定めたとする。クカタチという言葉の由来は、よくわからない。

一方、『日本書紀』の記述は詳細で、興味深い内容となっている。允恭は天下の人々の姓《かばね》が混乱していることを憂え、人々に沐浴斎戒《もくよくさいかい》して盟

156　甘樫坐神社

神探湯することを命じ、味橿丘《うまかしのおか》の辞禍戸碑《ことまがへのさき》に探湯瓮《くがへ》を据え、「実《まこと》の姓《かばね》を称する者は手が爛《ただ》れない、偽りの姓を称する者は必ず手が爛れるだろう」と言った。それで人々が木綿《ゆふ》で作った襷《たすき》を掛けて探湯《くかたち》すると、允恭の言葉通りになったと伝える（允恭天皇四年九月条）。

世界史的な慣行

文意は少しわかりにくいが、「盟神探湯」に分註が付されていて、盟神探湯を「クカタチ」と読むこと、「泥を釜に入れて煮沸し、手を入れて泥を探《さぐ》らせたり、あるいは斧を真っ赤に焼いて掌《たなごころ》に置く」とするので、その実態を知ることができる。

『古事記』や『日本書紀』に記す伝承から、日本の古代にクカタチが行なわれたとは判断しにくい。しかし『隋書』倭国伝にも同様の記述がみえ、クカタチの慣行があったとみてよい。倭国の刑罰を述べた件《くだり》で、沸騰した湯の中の小石を探らせたり、あるいは蛇を瓮中《おうちゅう》（大型の容器）の中に入れて手で摑《つか》ませると、罪を犯した者は、手が爛《ただ》れたり蛇に嚙みつかれると記す。

これらは、主張の真偽や無罪・有罪を神意によって判断する神判の一種で、世界的に広く行なわれている。日本古代の律令国家では神判はなかった。しかし中世になると再び現出し、湯起請《ゆきしょう》や鉄火《てっか》・籤《くじ》による神

157　甘樫丘から島庄方面の遠望

判が史料に散見するようになる。

甘樫丘の砷

クカタチの行なわれた場所を、『古事記』では味白檮《あまかし》の言八十禍津日《ことやそまがつひ》の前《さき》、『日本書紀』では味橿丘の辞禍戸砷《ことのまがへのさき》と伝えている。古代の甘樫丘は、現在、展望台となっている丘（豊浦山《とゆらやま》）と、その西南へ続く丘陵全体を指していた。豊浦山を登ってすぐの所に、犬養孝氏揮毫の「明日香風」の碑がある。中世後期以前には、この付近に**甘樫坐神社**四座があって、言葉の呪力を掌る禍津日神《まがつひのかみ》や直毘神《なおびのかみ》が祀られていた。クカタチの伝承は、そうしたことから生まれたとみてよい。

飛鳥川の川沿いから見るとよくわかるが、豊浦山は東北方向へ岩盤が張り出している。それが「前《さき》」「砷《さき》」。孝徳朝から天武朝にかけて、**飛鳥寺**西側の槻樹《つきのき》広場で、誓約や隼人・蝦夷らの服属儀礼が度々行なわれた。すぐ間近に仰ぐ所に、甘樫坐《あまかしにいます》神社四座があったからだろう。

五世紀に姓に変化

允恭朝に姓《かばね》の混乱を正すため、クカタチを行なったとの伝承の背景に、五世紀中葉前後に諸氏の姓に大きな変化があったのでは、と考えている。「辛亥年《しんがい》（四七一）七月中」で始まる稲荷山鉄剣銘文に、オホヒコからヲ

158 飛 鳥 寺

ワケ臣に至る、以下の八代の系譜が見えている。①オホヒコ、②タカリノスクネ、③テヨカリワケ、④タカヒ（ハ）シワケ、⑤タサキワケ、⑥ハテヒ、⑦カサヒ（ハ）ヨ、⑧ヲワケ臣。③〜⑤は姓《かばね》的なワケを称しているのに対し、五世紀中葉前後の⑥のハテヒと⑦のカサヒ（ハ）ヨは無姓であり、五世紀後半の雄略朝にワカタケル大王（雄略天皇）を補佐したと銘文に記す⑧のヲワケ臣《おみ》に至り、臣の姓を称している。

ここでは詳しくふれる余裕はないが、『釈日本紀』に引く「上宮記《じょうぐうき》」にみえる、イクメイリヒコ（垂仁天皇）からフリヒメ（継体大王の母）に至る系譜でも、同様の事実を確認することができる。おそらくそうした状況下において、倭国王は「大王」号を称するようになったのだろう。「癸未《きび》年八月」で始まる隅田《すだ》八幡宮（和歌山県橋本市）の人物画像鏡の銘文に、「日十大王」とみえる。「日下大王」とする説もあって魅力的だが、それはともかく癸未年については四四三年説と五〇三年説がある。

四四三年とすれば確実に允恭朝にあたり、姓の再編・再秩序化の過程で、大王号が成立したとみなしうる。遅くとも雄略朝には、銘文にみえるようにワカタケル大王と称されていた。

六

忍坂大中姫とフジバカマ

伝承の多い皇后

前項でとりあげた「クカタチ」の伝承は、五世紀中葉前後の允恭天皇の時代のものであった。その允恭の皇后が忍坂大中姫《おしさかおおなかつひめ》。『古事記』では、允恭との間に穴穂命《あなほのみこと》（安康天皇）や大長谷命《おおはつせのみこと》（雄略天皇）ら男王五人と、女王四人を儲《もう》けたとみえるにすぎない。

一方、『日本書紀』には、注目すべき伝承が多い。忍坂大中姫は病弱であった允恭の即位に大きく貢献した女性であり、近江の息長氏《おきながし》出身だったことが注目される。忍坂大中姫やその兄弟である大郎子《おおいらつこ》（またの名はオホホド王）は、応神天皇の皇子である若野毛二俣王《わかのけふたまたおう》の子とみえ、また大郎子を息長坂君の祖とするから（『古事記』）、湖北の雄族、息長氏の出身だったとみてよい。

忍坂大中姫については、母親の百師木伊呂辨《ももしきいろべ》の家の苑で遊んでいた、幼女の頃の有名なエピソードが『日本書紀』の允恭二年二月条にみえる。その家の所在地は、母親の名にみえる「師木（磯城）」の地名と、エピソードの内容からみて、桜井市外山《とび》の城島《しきしま》小学校の付近だったらしい。

無礼をとがめる忍坂大中姫

原文を意訳しながら紹介しよう。都祁《つげ》（奈良市都祁町）の氷室《ひむろ》で言及した闘鶏《つげ》国造が、允恭の「遠つ飛鳥宮」から都祁へ戻る途中、馬上から苑で遊ぶ忍坂大中姫に、「上手に苑の植物を作っているかい、お前さん」「戸母《とじ》よ、その蘭《あららぎ》を一本おくれ」とからかいかけた。忍坂大中姫は一本の蘭を差し出しながら、「蘭をどうするの」と尋ねると、「うるさい蠛《まぐなき》（ヌカガ）を払うためさ」と言い放った。忍坂大中姫は幼心にも無礼な人物だと思い、「私は決してこのことを忘れませんよ」と答えた。

のちに允恭天皇の皇后となった忍坂大中姫は、闘鶏国造を召し出して昔日の無礼をとがめ、死刑に処そうとした。国造は頭を地にすりつけて、「貴い血筋の御方とは知らなかった」と釈明したので、死罪を免じて姓を稲置《いなぎ》に落とすに留めたという。

現代では、このエピソードのどこに侮蔑の意が含まれているのか、よくわからない。幼女とはいえ高貴の家柄の忍坂大中姫に対し、馬上から「戸母」と言いかけたことは一種の「からかい」であり、また蠛を払う

159　フジバカマ

為に苑の蘭を求めたのは、まことに無礼な行為であった。

蠛はヌカガの類をいう。体長二ミリほどの虫で、人の目のまわりを飛び回り、血を吸う。確証はないが、「マグナキ」という言葉に、性的なからかいの意味が含まれているのでは、と思う。

芳香を放つ秋草

このエピソードは、植物好きな人にはまことに興味深いものだろう。「蘭」は何を指すのだろうか。『日本書紀』の古写本には、「蘭」に「アララギ」の訓を付す。一般にはノビルとされるが、その臭いからすれば、苑に植える植物としては相応《ふさわ》しくない。

近年、長野県立歴史館の川崎保氏が興味深い説を発表された。長野県木曽郡の小島遺跡から出土した平安時代の灰釉陶器に、「芳蘭」と墨書するものが数点あり、『源氏物語』などの「蘭」の用例を踏まえて、「蘭」を**フジバカマ**と考証された。乾燥させると、芳香を放つことが知られているからである（第一三回春日井シンポジウムでの報告）。卓説である。

フジバカマは秋の七草の一つ。山上憶良《やまのうえのおくら》が詠んだ秋の七草の歌（『万葉集』巻八―一五三八）は、人口《じんこう》に膾炙《かいしゃ》する。私も植物を好み、庭にいろんな樹木や草花を植えている。鉢植えのフジバカマもその一つ。フジバカマの花や茎・葉にはほとんど香りがない。川崎氏の説に魅かれ、

160　桜井市忍阪附近の風景（天王山古墳）

一昨年、昨年と、花の咲き終わった葉や茎を紙袋に入れ、家の内で陰干しにした。数日たつと微かに芳香が漂い出し、今も香りを留めている。川崎氏にその次第を伝え、乾燥したフジバカマを届けたことである。

忍坂宮

和歌山県橋本市の隅田《すだ》八幡宮に伝わる人物画像鏡の銘文は、「癸未年八月」に始まり、「意柴沙加宮《おしさかのみや》」がみえている。忍坂宮であり、**桜井市忍阪《おつさか》**に所在した宮とみてよい。癸未年を四四三年とすれば、忍坂大中姫の宮を指すと判断できる。当時、忍坂邑《おしさかのむら》には、大和王権の武器庫があったから、忍坂宮と一体化して管理・運営されていた可能性が大きい。

そうした忍坂宮守衛のために置かれたのが、忍坂部《おしさかべ》（のちに刑部《おさかべ》）と称された人々だった。七世紀中頃まで大王家の重要な資産であったことから、忍坂彦人大兄皇子（舒明天皇の父）や舒明の和風諡号《しごう》（息長足日広額《おきながたらしひひろぬか》天皇）に名をとどめる。平安時代には、忍坂に息長庄という荘園があった。かすかに忍坂大中姫の名が記憶されていたのでは、と思う。

［補注］なお「癸未年」については、五〇三年とする説が有力化しているが、忍坂の武器庫と大伴氏との関わりや、紀ノ河口近くの港と鳴滝遺跡の存在から、四四三年説に立つ。

七

目弱王の変

安康天皇への讒言

五世紀中葉すぎに、大日下王《おおくさか》の遺児でわずか七歳の目弱王《まよわ》が安康天皇を殺害し、それに関連して葛城円《つぶら》大臣が滅亡したと伝える。『古事記』に基づき事件の顚末を述べよう。

大日下王は仁徳天皇の子（母は日向の髪長比売）で、長田大郎女《おさだのおおいらつめ》との間に生まれたのが目弱王。履中・反正・允恭天皇の三代は、仁徳と皇后の磐之媛との間に生まれ、允恭の子が安康と大長谷王《おおはつせ》（のちの雄略）だったから、二人と目弱王とは従父兄弟にあたる。

即位した安康は、弟の大長谷王に大日下王の妹の若日下王を娶《めと》らせようと考え、根臣《ねのおみ》を大日下王のもとに遣わし、その旨を伝えさせた。王は大いに喜び、承諾の礼物として根臣に押木玉縵《おしきのたまかづら》を託す。押木玉縵とは、木の枝の形状をした立飾《たちかざり》に、数多くの玉を飾りつけた金銅製の豪華な冠。おそらく新羅から伝えられた宝冠だろう。

ところが根臣は押木玉縵に目がくらみ、それを横取りして自分のものとし、安康に「大日下王は立腹して承諾しなかった」と讒言《ざんげん》する。それを聞いた安康は怨みに思い、大日下王を殺害して、さらに王の妻である長田大郎女を自分の大后《おおきさき》（皇后）にしてしまった。

親の敵を討つ

これまで述べた所にも問題が潜む。若日下王は大長谷王の伯母にあたり、また安康も、伯父の大日下王の妻である長田大郎女を大后としたことになる。ともに異世代婚であり、年齢的には問題が多い。

話を続けよう。その後のこと、安康が午睡のため高殿に登った際、控えていた大后に、「目弱王が成人して、吾が父王を殺したと知ったら、吾を憎むだろうか」と悩みを打ち明けた。その折、高殿の下で七歳になる目弱王が遊んでおり、その言葉を耳にした。その後、目弱王は安康が午睡している機を窺い、傍らに置かれていた大刀で首を切り、ツブラオホミ（円大臣）の家に逃げ込んだ。時に安康は五十六歳だったという。

それを知った大長谷王は、兄の黒日古《くろひこ》王のもとに駆けつけ、どのように対処するのか尋ねても、王は驚きもせずにぼんやりとしていた。怒った大長谷王は王を切り殺す。別の兄の白日古王も同様だったので殺害し、兵を率いて円大臣の家を囲んだ。

円大臣は、大長谷王と恋仲だった娘の訶良比売《からひめ》と五ヵ所の屯倉を献上したが、「自分を頼って逃げ込んだ目弱王を見捨てることは出来ない」と言って戦う。しかし力尽き、目弱王の頼みで王を殺して自尽した。

『日本書紀』でもほぼ同様であるが、大きく異なるのは、安康が幼年の目輪王に殺害されたとし、二人の年齢を記さない。また黒彦皇子と目輪王は円大臣の家に逃げ込み、雄略が円大臣の家に火を放ったので、円大臣・黒彦皇子・目輪王は焼き殺されたとする。

記紀記述は虚構？

『古事記』の記述には物語り的要素が色濃い。ドラマチックな劇として演じられていたのでは、とも思う。押木玉縵をめぐる話や、わずか七歳の目弱王が五十六歳の安康天皇を殺害し、それが原因で葛城円大臣が滅亡したとする点などである。

葛城氏は始祖の襲津彦《そつひこ》以来、大和王権と拮抗するほどの勢力を有していた。以前にも取り上げたが、葛城氏の勢力下にあった御所市南郷《なんごう》地域は、五世紀前半には日本列島最大のハイテクタウンであった。

ソツヒコの後、葦田宿禰《あしだのすくね》―玉田宿禰―円大臣と続く。目弱王の変は葛城氏の本宗家が滅亡する契機とされているが、余りに物語的に過ぎる。

161　極楽寺ヒビキ遺跡

大長谷王が武力によって葛城円大臣を倒し、ワカタケル大王として即位した背景には、『古事記』や『日本書紀』に記されていない別の理由があるのでは、と思う。

極楽寺ヒビキ遺跡

平成十七年（二〇〇五）の春先に、御所市南部の極楽寺ヒビキ遺跡で、まことに注目される発掘成果があった。斜面に葺石を施した濠を巡らせ、その区画内に大型建物や柵列を配す。四面に庇《ひさし》がついた中心建物の規模は一二・五メートル×一三・五メートルで、床面積は約一二五平方メートル。西側と南側にさらに縁（孫庇《まごびさし》）がつく。出土した土器や建物の立て替えがないことから、祭儀や政務を行なった、五世紀前半の公的施設と想定されている。遺跡の所在地や広大さ、建物が巨大なこと等から、葛城氏の居館の一つとみてよい。

注目されるのは、大型建物の柱痕跡すべてに焼土が混じっていることで、火災にあったと推測されている。五世紀中葉すぎであれば、安康は四六一年に「世子興《せいしこう》」として南朝の宋に遣使し、その直後に亡くなっているので（『宋書』倭国伝）、『日本書紀』にみえる円大臣の滅亡と結びつく遺跡では、と憶測している。

あとがき

本書は、平成十九年二月七日より十二月九日に至るまで、毎週月曜日、産経新聞の近畿版に掲載されたものに、このたび、加筆・訂正を加えたものである。

読者の範囲は奈良県内のみならず近畿圏にも及ぶので、まず大和の自然や地勢の特色、ヤマトの範囲、時代区分などを取り上げた。次いで三輪山とその周辺地域の伝承や古墳、大和王権の成立にふれ、以後、五世紀後半の雄略朝に至るまでの注目すべき伝承や史実の背景について、日頃、考えていることを述べた。

私は奈良県磯城郡田原本町《しきぐんたわらもとちょう》の出身。三十歳までは田原本町に住み、三十代は京都市北区紫野に住んだ。その後、奈良県高市郡明日香村の南に接する同郡高取町《たかとりちょう》で暮らしている。

日本古代史の研究者である私は、とりわけ古代の信仰や思想・文化に関心をもつ。大学院に進学して程なく、史料のみに基づく研究には飽き足りなく思うようになり、明日香村とその周辺地域を歩き始めた。爾来《じらい》、今日に至るまで、奈良盆地を中心に、宇陀や吉野を歩き、社寺や遺跡、発掘調査現場を訪ねている。

私は車を運転しない（出来ない）ので、電車とバスを利用し、あとはもっぱら歩くのみ。地形図と磁石さえあれば、盆地内はどこへでも行くことが出来る。歩きながら大和の風景を楽しみ、樹木や植物を観察したり、出会った人からいろいろな話をうかがう。私はまた、先年、亡くなられた『ヤママユ』の歌人、前登志夫先生の弟子でもあるから、眼にした風景が歌となる。歩くことは実に楽しい。

本書は、そうして歩いた折に気づいたことや、出会った人達から教わったことを踏まえ、私なりに古代大和の実像に迫ろうとしたものである。大和の歴史は奥が深いので、未熟なところも多々あるが、読者が本書を繙かれて、大和の風土や歴史に関心を持っていただければ、喜び、これに過ぎるものはない。

最後になるが、産経新聞に連載中、大阪本社の渡部裕明氏、山上直子さん、小畑三秋氏、奈良支局・橿原支局の皆さんに、いろいろお世話になった。また本書刊行に際しても、渡部氏はいろいろご尽力下さった。厚く御礼申し上げます。

なお本書に続き、平成二十年四月二十八日から、平成二十三年三月二十八日に至るまで、産経新聞奈良版に掲載された「やまと歴史探訪」（一〇二回分）をもとにした書物が、吉川弘文館から程なく刊行される。雄略朝から推古朝に至る大和の風土や歴史を論じたものであり、本書と同様、お目通しいただければ幸甚である。

平成二十五年、秋分の日に

和田萃

主要関連地図

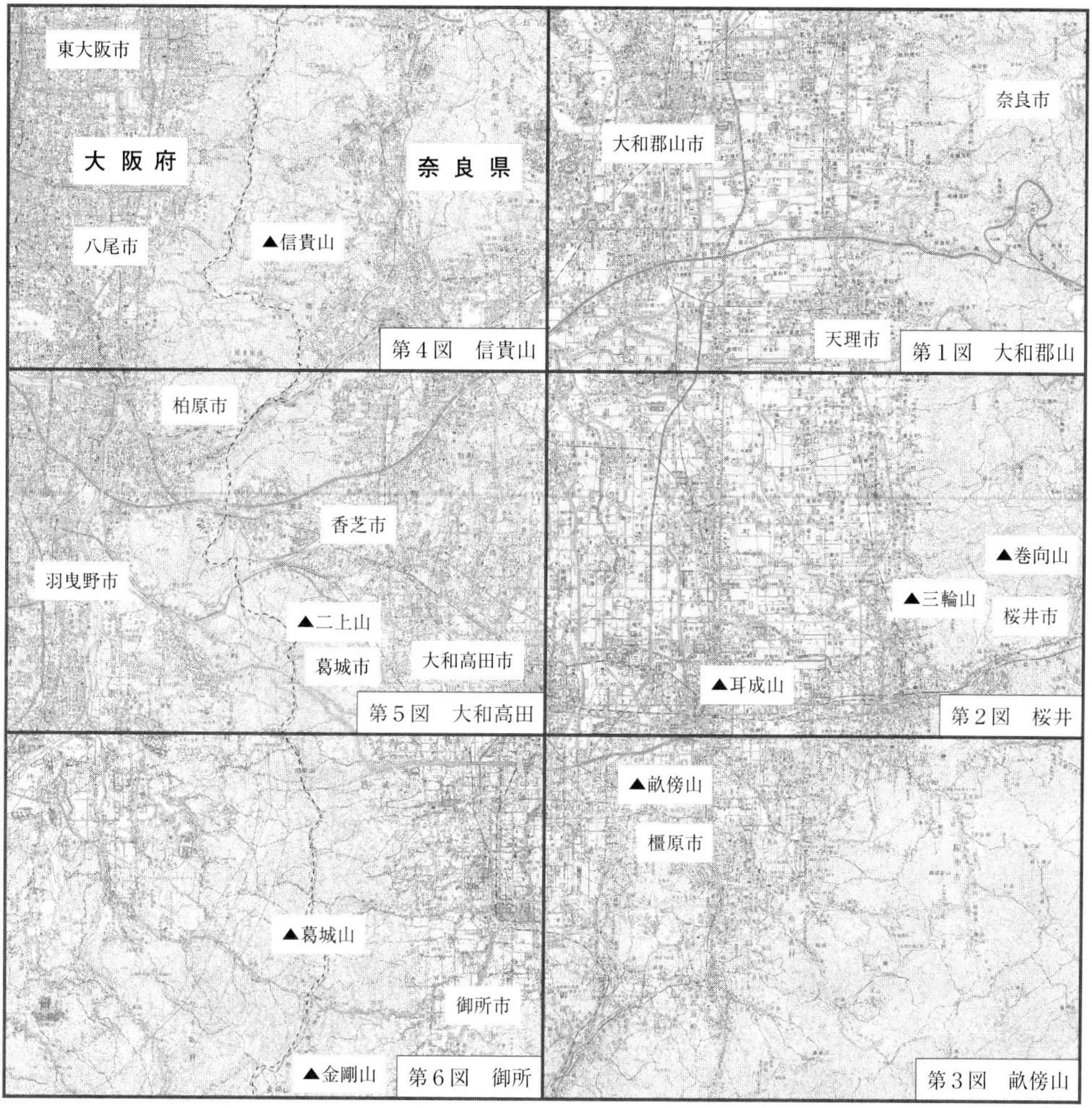
東大阪市
大阪府
八尾市
▲信貴山
奈良県
第４図　信貴山
大和郡山市
奈良市
天理市
第１図　大和郡山
柏原市
香芝市
羽曳野市
▲二上山
葛城市
大和高田市
第５図　大和高田
▲巻向山
▲三輪山
桜井市
▲耳成山
第２図　桜井
▲葛城山
御所市
▲金剛山
第６図　御所
▲畝傍山
橿原市
第３図　畝傍山

広大寺池
櫟本高塚古墳
和爾下神社
JR天理駅
石上神宮
0
1000m
奈良市
天理市
高瀬川
鹿野園町
藤原町
八島町
鉢伏町
菩提山町
北椿尾町
南椿尾町
高樋町
虚空蔵町
興隆寺町
中畑町
米谷町
岩屋町
石上町
豊田町
別所町
豊井町
滝本町
長滝町
内馬場町
杣之内町
勾田町
中之庄町
森本町
和爾町
城山
高峰山

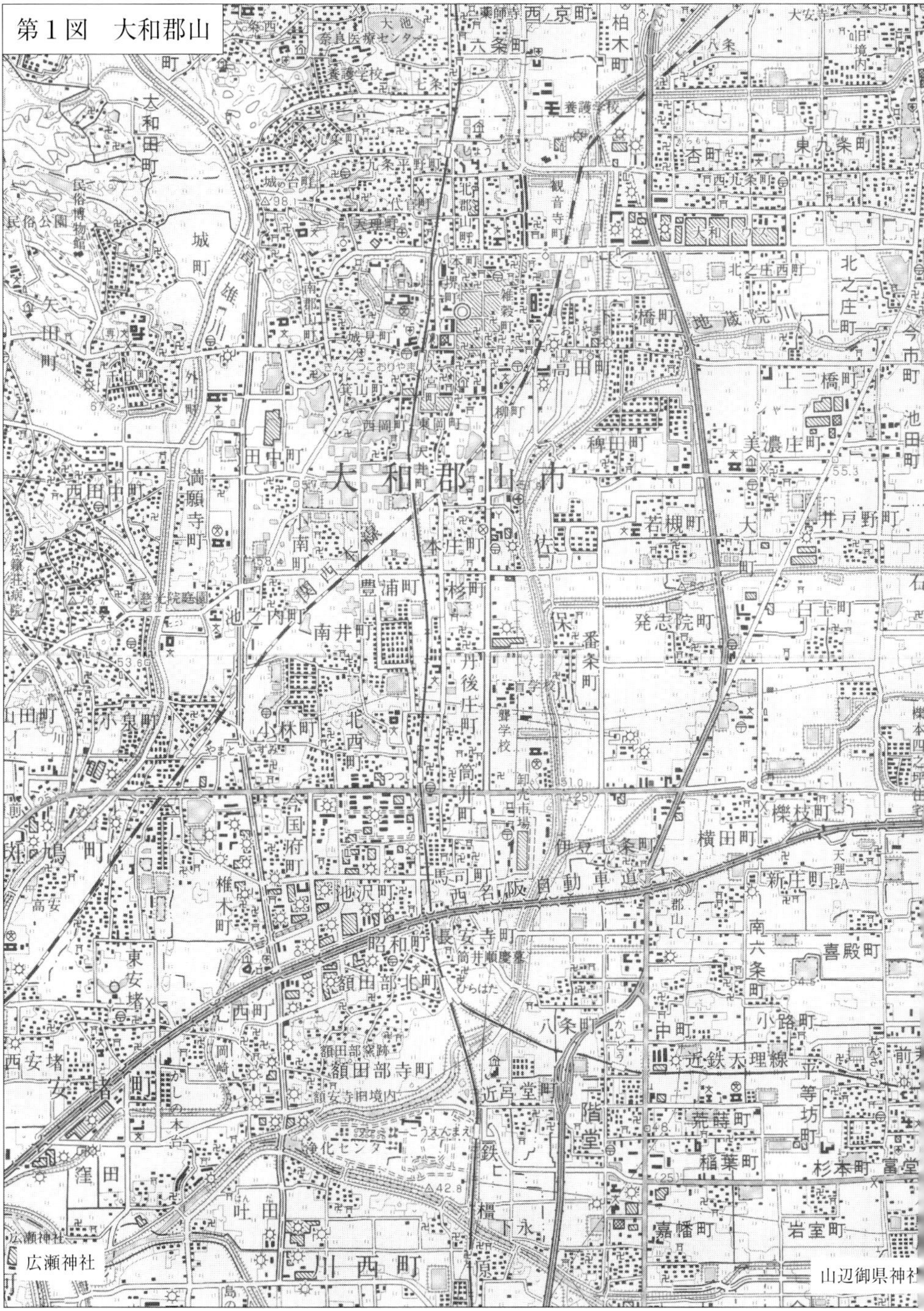
大和郡山市
広瀬神社
山辺御県神社
西名阪自動車道
近鉄天理線
城町
北郡山町
高田町
稗田町
美濃庄町
若槻町
発志院町
番条町
丹後庄町
筒井町
横田町
櫟枝町
新庄町
喜殿町
昭和町
長安寺町
額田部北町
額田部寺町
八条町
中町
荒蒔町
稲葉町
杉本町
嘉幡町
岩室町
川西町
斑鳩町
安堵町
東安堵
西安堵
窪田
満願寺町
西田中町
田中町
小泉町
池之内町
豊浦町
南井町
小林町
国府町
池沢町
椎木町
馬司町
伊豆七条町
東九条町
杏町
北之庄西町
北之庄町
今市町
上三橋町
池田町
井戸野町
白土町
大和田町
矢田町
六条町
柏木町
九条平野町
観音寺町
地蔵院川
佐保川
天理PA
郡山IC

第１図　大和郡山

乙木集落
大和神社
衾田陵
中山大塚古墳
崇神天皇陵
景行天皇陵
纒向遺跡
珠城山古墳群
穴師集落
ホケノ山古墳
箸墓古墳
巻向川
桧原神社
三輪山
巻向山
桜井市
大神神社
初瀬川
志貴御県坐神社
十二柱神社
城島小学校
桜井茶臼山古墳
阿倍文殊院
0
1000m

第2図　桜井

島の山古墳
三宅の原
寺川
志貴御県神社
飛鳥川
曽我川
葛城川
田原本町
多神社
十市御県神社
阪門神社・中池
竹田神社
宗我都比古神社
耳成山
高市御県神社

メスリ山古墳
飛鳥坐神社
伝飛鳥板蓋宮跡
石舞台古墳
0
1000m
桜井市
浅古
倉橋
下居
北音羽
南音羽
今井谷
横柿
高家
御破裂山
談山神社
多武峰
細川
上
阪田
尾曽
冬野
鹿路
飯盛塚
針道
音羽山
経ヶ塚山
熊岳
三津
畑
稲渕
入谷
栢森
滝畑
高取山
山田
高田
下
下尾
百市
六井内
岡

第３図　畝傍山

藤原宮跡
天香具山
畝傍山
丈六の交差点
孝元天皇陵
軽の池
甘樫丘
豊浦
飛鳥寺
見瀬丸山古墳
高松塚古墳
於美阿志神社
掖上鑵子塚古墳
檜隈寺跡
キトラ古墳
琴弾原白鳥陵
巨勢谷

矢田丘陵
JR 王寺駅
龍田大社
JR 三郷駅
0
1000m
奈良市
生駒市
大和郡山市
平群町
斑鳩町
法隆寺

第４図　信貴山

高安山
信貴山
東大阪市
八尾市
大阪外環状線
近鉄信貴線
雁多尾畑
東豊浦
信貴山公園墓地
高安山霊園
柏原聖地霊園
信貴変電所
恩智神社
岩戸神社
楽音寺
教興寺
神宮寺
法善寺
服部川
郡川
大竹
千塚
黒谷
垣内
横小路町
水越
神立
大窪
山畑
往生院
南畑

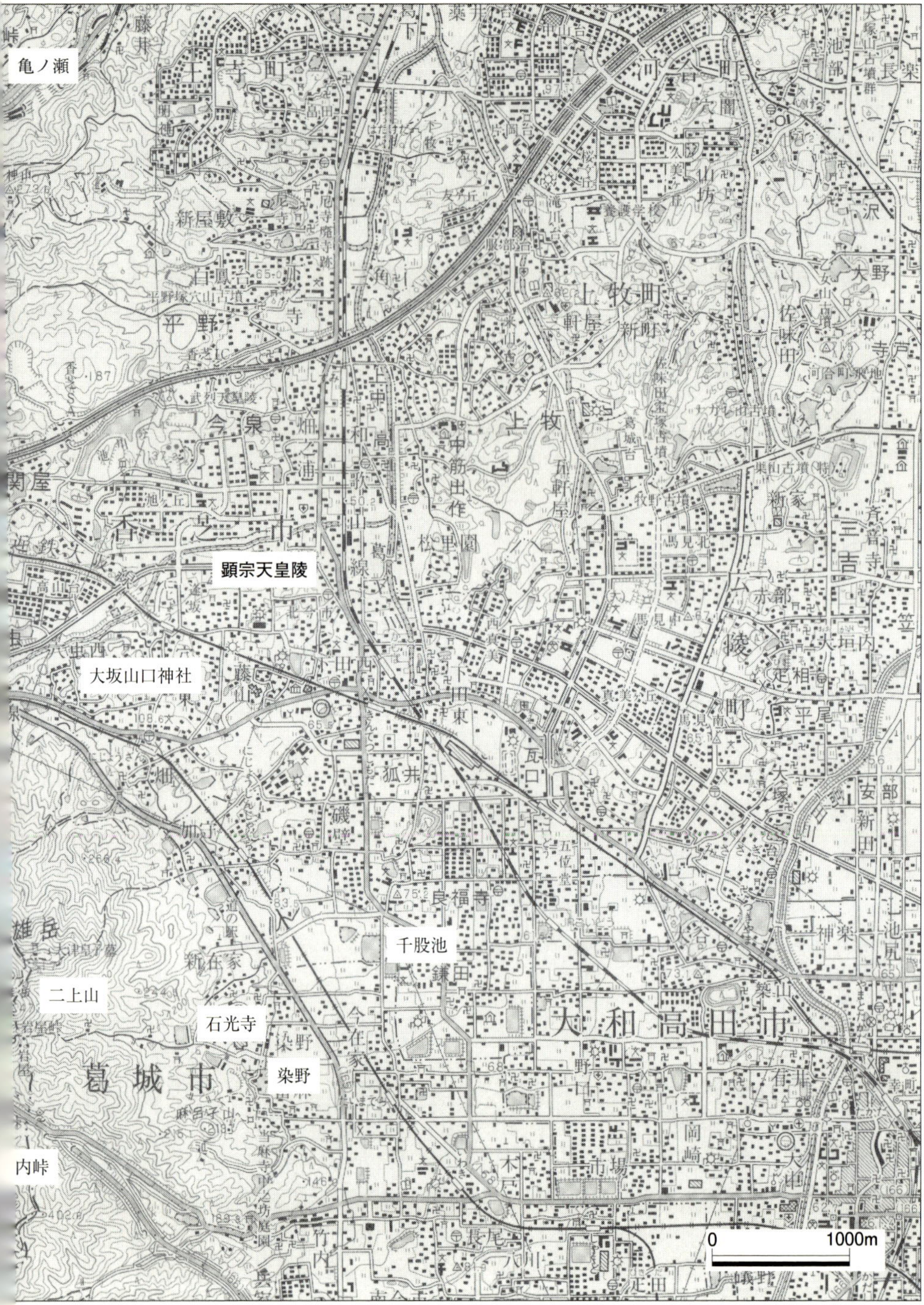
亀ノ瀬
顕宗天皇陵
大坂山口神社
千股池
二上山
石光寺
染野
内峠
香芝市
葛城市
大和高田市
上牧町
0
1000m

第５図　大和高田

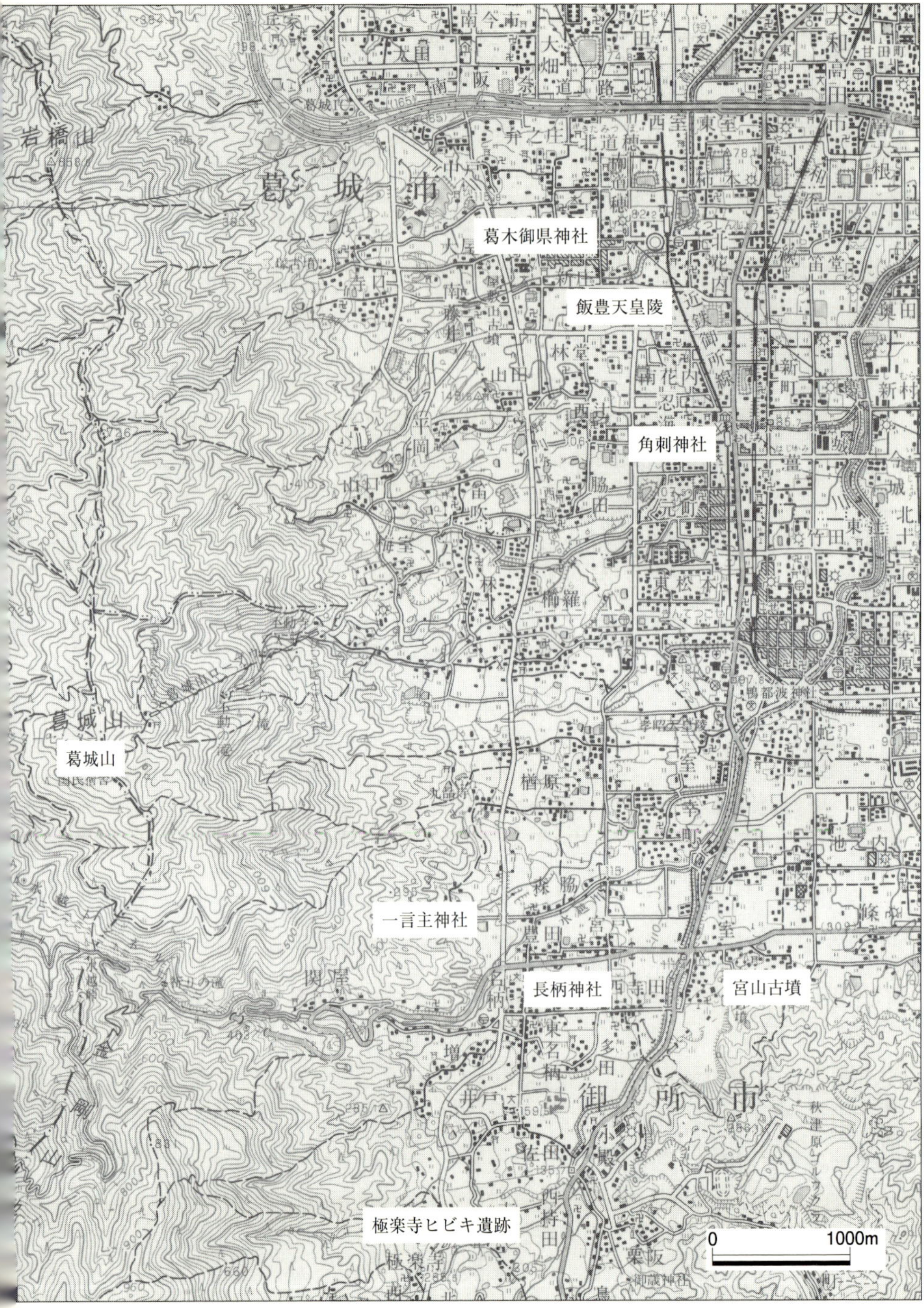
岩橋山
葛城市
葛木御県神社
飯豊天皇陵
角刺神社
葛城山
葛城山
一言主神社
長柄神社
宮山古墳
御所市
極楽寺ヒビキ遺跡
0
1000m

林市
北大伴町
南大伴町
山城
寺田
別井
大子町
二須賀古墳群
ゴルフ場
近つ飛鳥風土記の丘
加納
白木
竜弘寺
神山
道の駅
佐備
森屋
金山古墳
芹生谷
馬谷
ワールドカントリーゴルフクラブ
南河内町
持尾
西行法師の墓
下河内
上河内
龍泉
赤阪城跡
水分
楠公誕生地
桐山
河原邊
水越
吉年
楠木城跡（上赤阪城跡）
青崩
東阪
中津原
小吹台
千早赤阪村
金剛
第6図　御所

索　引

あ 行

県犬養橘三千代　*109*
秋里籬島　*11*
秋篠朝臣安人　*115*
飛鳥岡本宮　*195*
飛鳥川　*25*
飛鳥寺　*195,204*
飛鳥坐神社　*9*
吾田媛(アタヒメ)　*83*
阿知吉士　*170*
穴師川　*60*
穴師集落　*39,59*
穴師山　*94*
穴虫峠　*74*
安倍寺跡　*81*
安倍文殊院　*81*
安倍山田道　*165,166,173*
甘樫丘　*202*
網野銚子山古墳　*79*
安康天皇　*210～212*
飯豊皇女(飯豊青皇女)　*136*
飯豊天皇陵　*136*
活目尊　*99*
生駒山　*11*
石塚山古墳(成務天皇陵)　*112*
石舞台古墳　*46*
石屋古墳(島根県)　*104*
石上大塚古墳　*153*
石上神宮　*50,192,193*
市庭古墳　*112*
櫟本高塚公園　*86*
伊藤博文　*120*
稲荷山古墳(埼玉県)　*81,145*
磐　余　*37*
石清尾山古墳　*56*
岩橋千塚古墳(和歌山県)　*103*
磐之媛　*146*
磐之媛陵(ヒシャゲ古墳)　*112,150*
磐余池　*198,199*
磐余池辺雙槻宮　*197*
磐余玉穂宮　*197*
磐余甕栗宮　*197*
磐余稚桜宮　*197*
允恭天皇　*118,194,202*
井辺八幡山古墳(和歌山県)　*103*
宇佐八幡神　*138*
菟道稚郎子　*123,170*
宇陀川　*14*
畝傍山　*119*
味内宿禰　*143*
厩坂池　*168*
浦間茶臼山古墳　*79*
ウワナベ古墳　*112,150,153*
ウワナリ塚古墳　*153*
蛭子山古墳　*79*
応神天皇(誉田別命)　*84,135,183*
応神天皇陵(誉田御廟山古墳)　*172*
淤宇宿禰　*123*
大日下王　*210*
大国主神　*152*
大坂山　*73,76*
大坂山口神社　*74*
多神社　*13*
大田田根子　*98*
大伴連吹負　*20*
大長谷王　*210～212*
大彦命(オホビコ)　*78,80,81,82,83,85*
大神神社　*6,9,12,70,100*
大物主神　*3,68,98,136*
大和古墳群　*40*
大和神社　*37*
雄神神社　*132*
訳語田幸玉宮　*197*
忍　坂　*37*
忍坂大中姫　*131,206～209*
忍坂彦人大兄皇子　*209*
乙木集落　*38*
オホナムチ神　*108*
大山守(オホヤマモリ)　*123*
於美阿志神社　*177*

か 行

柿本朝臣人麻呂　*59,84,199*
香具山　*12*
笠朝臣金村　*143*
懼坂道　*21*
橿　原　*28,29*
膳夫寺跡　*200*
膳臣余磯　*198*
春日山　*11,76*
葛城長江曾都彦　*142,145～148*
葛下川　*17*
勝山古墳　*40,49,50*
葛　城　*26,27*
葛城川　*25*
葛城古道　*27*
葛城山　*2,11*
葛城円大臣　*210*
葛木御県神社　*129*
金蔵山古墳　*79*
鹿垣池　*168*
亀ノ瀬　*15,19～23*
蒲生野　*31*
訶良比売　*212*
軽　池　*168*
軽の地　*24,88*
軽の地　*168*
川上村(吉野)　*4*
紀　路　*140,143*
北山川　*14*
木津川　*14*
狐塚古墳　*61*
キトラ古墳　*31*
木角宿禰　*142*
キビツヒコ　*78,79*
景　戒　*166*

国　栖　184
葛神社　132
国津神社　134
国見山　119
呉津孫神社　178
黒塚古墳　76
黒日古王　211
国　中　12
景行天皇（オホタラシヒコ，オシロワケ）　5,92,94,122,137
景行陵（渋谷向山古墳）　39,40,41,93,94
顕宗天皇社　194
皇極・斉明天皇（天豊財重日足姫天皇）　137
孝元天皇陵　167
孝徳天皇陵（大阪磯長陵）　74
興福寺　173
光明皇后　151
極楽寺ヒビキ遺跡　157,213
五社神古墳（神功皇后陵）　112
五條猫塚古墳　141
巨勢谷　88
許勢小柄宿禰　142
小立古墳　172
琴弾原　117,118,120
コナベ古墳　112,150,153
金剛山　2,11

さ　行

狭井神社　9,100
坂手池　122
坂門神社　125
坂上田村麻呂　177
佐紀楯列古墳群　111
桜井茶臼山古墳　65,76
佐味田宝塚古墳　156
狭山池　89,168
三陵墓東古墳　131
磯　城　37
信貴山　11
志貴御県坐神社　93,129
磯城瑞籬宮　41,92,93
紫金山古墳（大阪府）　57
持統天皇　29
芝　山　76
島の山古墳　125,126
将軍山古墳（大阪府）　57
称徳（孝謙）天皇陵古墳　112
丈六の交差点　165,172,173
舒明天皇（息長足日広額天王）　37,137,209
白日古王　211
神功皇后（息長帯比売命）　135,137
神武天皇　42
神明山古墳　79
垂仁天皇（イクメイリヒコ）　92,93,107,113,123
垂仁天皇陵（宝来山古墳）　107,112
須　恵　140
菅原道真　115
菅原東遺跡　107
スクナヒコナ神　108
スサノヲ神　152
崇神天皇（ミマキイリヒコ）　42,64,68,78,92,98,136
崇神陵（行灯山古墳）　39～41
スセリビメ　151
墨江中王　192,193
清寧天皇　194
蜻蛉の滝　30
石光寺　31
浅間神社　190
添御県神社　129
曽我川　24～26
宗我坐宗我都比古神社　24
蘇賀石河宿禰　142
蘇我馬子　46
蘇我の地　88
ソバカリ　192,193
染　野　30

た　行

当麻蹶速　102,104,113
高田川　25
高松塚古墳　31,46
高安山　11
武内宿禰　87,141,142,144
竹田神社　125
高市御県神社　129
タケヌナカハワケ　78～80
竹内峠　11,74
武埴安彦（タケハニヤスビコ）　83,85
タケミカヅチ神　161
田道間守　107,109
手白香皇女衾田陵（西殿塚古墳）　38,40,41
橘　寺　106
龍田大社　73
龍田山　73
楯築遺跡　47,53
珠城山丘陵　93,94
田身嶺　199
仲哀天皇（足仲彦）　137
田原本　7,16
小子部栖軽　166
近内古墳群　141
茅原大墓古墳　61
千股池　13,104
仲仙寺墳墓群　47
都　祁　131～134,187
闘鶏国造　187,207
都祁の「休ん場」　132,134
闘鶏山古墳　56
津堂城山古墳　65,66,117
角刺神社　136
剣　池　166,168
寺　川　16
寺　山　11
天武天皇（大海人皇子）　20,31
東大寺山古墳　86,155,156
十市御県神社　129
十津川　14
豊浦宮　45
豊浦山　204
台　与　67
豊城命　99

な　行

長屋王邸　188
中山大塚古墳　39
長柄遺跡　146,147
西　河　30
西谷墳墓群（島根県）　48,53

西殿塚古墳　*76*
西山古墳　*162*
二上山　*3,10,12,13,70,74,75*
仁徳天皇(オホサザキ)　*123,146,152,188*
額田王　*31*
額田大中彦　*123,187,188*
布目川　*14*
野々神岳　*6,132*
能褒野，能煩野　*4,5,116*
野見宿禰　*102,104,113,114*

は　行

萩原２号墓(徳島県)　*53～56*
白鳥神社　*118*
箸墓古墳　*40～42,49,61,64～72,76,95,172*
初瀬川　*25,58,92*
波多八代宿禰　*142*
鉢伏山　*11*
八剣山(吉野)　*182*
初　瀬　*37*
浜田耕作　*111*
反正天皇(ミズハワケ)　*192～194*
彦国葺(ヒコクニブク)　*83*
比蘇寺　*184*
一言主神社　*146*
檜隈廬入野宮伝承地　*178*
桧前集落　*177*
檜隈寺跡　*178*
日ノ出岳(吉野)　*182*
日葉酢媛　*113*
日葉酢媛陵(佐紀陵山古墳)　*112*
桧原神社　*12,72*
卑弥呼　*42,67,136,158*
氷室神社　*190*
比賣久波神社　*125*
平塚瓢齋　*119*
広瀬神社　*14,17,24*
藤原(中臣)鎌足　*27,173*
藤原不比等　*173*
藤原宮跡　*29,35*
布留遺跡　*161*
舊市邑　*117*
布留山　*160*
重阪峠　*24*
平群谷　*88*
平群坐紀氏神社　*143*
平群都久宿禰　*142*
ホケノ山古墳　*40,49,51～54,56,61,95*

ま　行

前の山古墳(軽里大塚古墳)　*118*
纏　向　*37*
纏向石塚古墳　*40,47,49,50,95*
纏向遺跡　*40,41,49,95*
巻向川　*58,60*
纏向珠城宮　*41,92,93*
纏向日代宮　*41,92,94*
巻向山　*199*
松尾大社　*138*
目弱王　*210～212*
御蓋山　*3,6*
ミケイリ命　*108*
瑞籬郷　*58,60,93*
水江浦嶋子　*108*
見瀬丸山古墳　*172*
水上池　*112,150*
峯ヶ塚古墳　*118*
耳成山　*119*
宮山古墳　*147,148*
三輪山　*3,4,6,7,9,12,13,58,69,94,99,100*
室宮山古墳　*65,200*
メスリ山古墳　*51,65,76*
本居宣長　*5,178*

や　行

矢河枝比売　*84*
屋敷山古墳　*129*
休丘八幡宮　*138*
矢田丘陵　*3*
八田若郎女　*146*
八束水臣津野命　*134*
柳本古墳群　*40*
大和川　*15,16,19,22*
ヤマトタケルノミコト(倭建命,日本武尊)　*4,5,36,116,133,137,152*
倭迹迹日百襲姫(モモソヒメ)　*64,68,70,71,80,83,98,136*
倭漢氏　*175～178*
倭彦王　*113*
山上憶良　*208*
山辺の道　*38*
山辺御県神社　*129*
雄略天皇(ワカタケル)　*5,152*
弓月ヶ岳　*59*
吉　野　*182～184*
吉野川　*183*

ら　行

履中天皇(イザホワケ)　*192～194,198*
龍門岳　*184*

わ　行

若日下王　*210*
若桜神社　*197*
稚桜神社　*197*
成務天皇(稚足彦)　*137*
掖上鑵子塚古墳　*119*
丸邇池(ワニ池)　*88,89*
丸邇坂(ワニ坂)　*37,83～87*
和爾下神社　*84,155*
和爾集落　*85～87*
和爾坐赤坂比古神社　*84*

図 版 一 覧

1　耳成山・大神神社大鳥居・二上山遠景　*1*
2　若草山と奈良盆地(産業経済新聞社提供)　*3*
3　三輪大橋から三輪山を望む　*4*
4　日本武尊白鳥陵　*5*
5　大神神社　大鳥居　*6*
6　大神神社　拝殿　*7*
7　飛鳥坐神社　鳥居　*8*
8　三輪山入山口　*9*
9　二上山　*10*
10　JR 王寺駅付近から見た信貴山　*11*
11　桧原神社　三つ鳥居　*12*
12　桧原神社から望む二上山　*13*
13　広瀬神社付近の大和川　*14*
14　大和川・曽我川・飛鳥川の合流点(産業経済新聞社提供)　*15*
15　寺川　*16*
16　広瀬神社　*17*
17　JR 三郷駅　*19*
18　大和川亀ノ瀬峡谷部　*20*
19　JR 関西本線　*21*
20　三郷駅近くの大和川　*22*
21　葛城山　*25*
22　吉備池から見た葛城・金剛山系　*27*
23　藤原宮跡から耳成山を望む　*29*
24　石光寺　*30*
25　高松塚古墳　凝灰岩製石槨　*31*
26　染野と雨の二上山　*32*
27　島庄遺跡と石舞台古墳(産業経済新聞社提供)　*33*
28　畝傍山上空から原ヤマトを望む(産業経済新聞社提供)　*34*
29　大和神社　*36*
30　甘樫丘から天香具山の遠望　*37*
31　手白香皇女衾田陵　*38*
32　珠城山古墳群から景行天皇陵を望む　*39*
33　纏向遺跡　*40*
34　崇神天皇陵　*41*
35　神武天皇陵　*42*
36　弥生式土器(明治大学考古学博物館所蔵)　*44*
37　豊浦宮・豊浦寺跡　*45*
38　石舞台古墳　*46*
39　高松塚古墳　*47*
40　西谷墳墓群の四隅突出型墳丘墓　*48*
41　箸墓古墳　*49*
42　石上神宮境内の鶏　*50*
43　メスリ山古墳　*51*
44　ホケノ山古墳　*52*
45　ホケノ山古墳の東側墳丘裾部の状況　*53*
46　萩原2号墓　埋葬施設の検出状況(徳島県埋蔵文化財センター提供)　*54*
47　萩原2号墓　埋葬施設横断トレンチ(徳島県埋蔵文化財センター提供)　*55*
48　萩原2号墓　出土鏡と破断面の研磨痕(徳島県埋蔵文化財センター提供)　*56*
49　瑞籬郷(産業経済新聞社提供)　*58*
50　桜井市金屋付近の初瀬川　河下を望む　*59*
51　穴師の集落　*60*
52　ワニ氏の里　櫟本高塚遺跡　*63*
53　箸中大池と箸墓古墳(産業経済新聞社提供)　*64*
54　大市墓の鳥居　*65*
55　津堂城山古墳　*66*
56　城山古墳の遠景　*67*
57　三輪山への入山口　*68*
58　珠城山古墳群から三輪山を望む　*69*
59　大神神社境内　巳の神杉　*70*
60　珠城山古墳群から箸墓古墳，耳成山の眺望(産業経済新聞社提供)　*72*
61　龍田大社　*75*
62　二上山　*76*
63　箸墓古墳西側の堤に立つ碑　*77*
64　中山大塚古墳と二上山　*78*
65　孝元天皇陵　*81*
66　安倍文殊院　山門　*82*
67　安倍文殊院西古墳　*82*
68　稲荷山古墳　*83*
69　和介坐赤坂比古神社　*85*
70　和介下神社　*86*
71　櫟本高塚公園　*87*
72　和爾集落　*88*
73　広大寺池　*89*
74　サメのタレ　*91*
75　崇神天皇磯城瑞籬宮跡　*93*

76　志貴御県坐神社　*94*
77　垂仁天皇纒向珠城宮跡　*95*
78　珠城山古墳群　*95*
79　纒向遺跡　*96*
80　大神神社　「巳さんの杉」（産業経済新聞社提供）　*99*
81　大神神社の東鳥居　*101*
82　狭井神社　鳥居　*102*
83　狭井神社　本殿　*103*
84　狭井神社　御神水　*103*
85　当麻蹴速の塚とも伝える五輪塔　*104*
86　十二柱神社　野見宿禰碑　*105*
87　力士埴輪（長瀞総合博物館所蔵）　*106*
88　十二柱神社　狛犬を支える力人　*106*
89　当麻町相撲館（けはや座）　*107*
90　橘寺　*108*
91　垂仁天皇陵　*109*
92　田道間守墓とされる小島　*110*
93　タチバナ　*111*
94　佐紀楯列古墳群（産業経済新聞社提供）　*113*
95　称徳（孝謙）天皇陵古墳　*114*
96　垂仁天皇皇后　日葉酢媛陵　*115*
97　家形埴輪（東京国立博物館所蔵）　*116*
98　津堂城山古墳　*118*
99　古市の白鳥陵　*119*
100　白鳥神社　*120*
101　畝傍山遠景　*121*
102　日本武尊琴弾原白鳥陵（産業経済新聞社提供）　*122*
103　角刺神社　*123*
104　三宅の原　万葉集歌碑　*125*
105　島の山古墳（産業経済新聞社提供）　*127*
106　葛木御県神社（産業経済新聞社提供）　*129*
107　十市御県神社　*130*
108　志貴御県神社　*131*
109　神武天皇陵　*132*
110　三陵墓東古墳（奈良市教育委員会提供）　*134*
111　都祁の「休ん場」（産業経済新聞社提供）　*136*
112　神功皇后陵　*137*
113　角刺神社　*138*
114　飯豊天皇陵　*139*
115　石上神宮　*141*
116　五條猫塚古墳（五條市教育委員会提供）　*143*
117　紀路　*145*
118　大和神社　*148*
119　葛城一言主神社　*149*
120　宮山古墳　*150*
121　宮山古墳の石棺　*151*
122　水上池　*152*
123　磐之媛陵　*153*
124　ウワナベ古墳　*154*
125　コナベ古墳　*155*
126　和爾下神社境内の柿本寺跡　*157*
127　東大寺山古墳群の説明板　*158*
128　東大寺山古墳出土　中平銘鉄刀（文化庁所蔵）　*160*
129　JR 天理駅　*162*
130　石上神宮　拝殿　*163*
131　石上神宮　七支刀と鉄盾　*165*
132　丈六交差点の南側坂道　*167*
133　丈六交差点から安倍山田道　*168*
134　剣池と孝元天皇陵　*169*
135　石川池明治期用水工事碑　*169*
136　孝元天皇陵　*170*
137　見瀬丸山古墳から「軽」の地を望む　*173*
138　見瀬丸山古墳（産業経済新聞社提供）　*174*
139　丈六交差点　国道169号線　*175*
140　於美阿志神社の鳥居　*179*
141　宣化天皇檜隈入野宮趾碑　*179*
142　桧隈寺趾石塔婆　*180*
143　甘樫丘から飛鳥寺の遠望　*183*
144　吉野川　*184*
145　浄見原神社（産業経済新聞社提供）　*185*
146　比曽寺跡　*186*
147　長屋王木簡（奈良文化財研究所所蔵）　*190*
148　石上神宮　楼門　*194*
149　顕宗天皇陵　*196*
150　伝飛鳥板蓋宮跡　*197*
151　稚桜神社　*199*
152　敏達天皇の訳語田幸玉宮推定地　春日神社　*200*
153　磐余池伝承地　*201*
154　若桜神社　*202*
155　甘樫坐神社　クカタチ説明板　*204*
156　甘樫坐神社　*205*
157　甘樫丘から島庄方面の遠望　*206*
158　飛鳥寺　*207*
159　フジバカマ　*210*
160　桜井市忍阪付近の風景　*211*
161　極楽寺ヒビキ遺跡（産業経済新聞社提供）　*215*

著者紹介

一九四四年　満洲国遼陽市生まれ
一九七二年　京都大学大学院文学研究科（国史学専攻）博士後期課程単位取得退学
現　在　京都教育大学名誉教授

〔主要著書〕
『大系日本の歴史2　古墳の時代』（小学館、一九八七年）
『日本古代の儀礼と祭祀・信仰』上・中・下巻（塙書房、一九九五年）
『飛鳥―歴史と風土を歩く―』（岩波書店、二〇〇三年）

歴史の旅　古代大和を歩く

二〇一三年（平成二十五）十一月一日　第一刷発行

著　者　和《わ》田《だ》萃《あつむ》

発行者　前田求恭

発行所　株式会社　吉川弘文館
郵便番号一一三―〇〇三三
東京都文京区本郷七丁目二番八号
電話〇三―三八一三―九一五一〈代表〉
振替口座〇〇一〇〇―五―二四四
http://www.yoshikawa-k.co.jp/

印刷＝株式会社 平文社
製本＝ナショナル製本協同組合
装幀＝下川雅敏

ISBN978-4-642-08095-8

〈歴史の旅〉シリーズ

東海道を歩く
本多隆成著
A5判・二四四頁／二六二五円
十返舎一九や歌川広重らによって、活き活きと描かれた東海道。その原風景を訪ねて、日本橋から京都まで全ての宿場町を完全踏破。宿場の地図と写真を多数収め、東海道の史跡と歴史を学ぶ。街道を旅する手引書に最適。

甲州街道を歩く
山口　徹著
A5判・一七二頁／一九九五円
日本橋から下諏訪宿に至る甲州街道。新撰組と日野宿、重畳たる山中の甲斐路、風林火山の甲府盆地、信濃路の中山道合流点まで、ロマン溢れる街道を完全踏査。宿場地図・写真を豊富に収めた、街道ハイキングの手引書。

太平記の里　新田・足利を歩く
峰岸純夫著
A5判・一七四頁／一九九五円
鎌倉幕府を倒した、新田義貞と足利尊氏。源氏嫡流の系譜を辿り、武士たちを生み出した風土を探る。多くの石塔、館跡・氏寺などを訪ね歴史のロマンを味わう。詳細な地図と豊富な写真を収めた、歴史散歩のガイドブック。

壬申の乱を歩く
倉本一宏著
A5判・二五四頁／二六二五円
古代史最大の争乱＝壬申の乱。大海人皇子と鸕野皇女が辿った道を訪ねて、大津宮から吉野宮へ。美濃を拠点に再び大津へ。さらに大和・河内の全戦線を追体験。豊富な地図と写真を収め、古代の風を感じる歴史の旅へ誘う。

（価格は５％税込）

吉川弘文館